上海新金融研究院
SHANGHAI FINANCE INSTITUTE

探索国际金融发展新趋势，求解国内金融发展新问题，支持上海国际金融中心建设。

# 金融科技新格局

## 从技术狂热到理性繁荣

刘晓春 著

中国友谊出版公司

图书在版编目（CIP）数据

金融科技新格局：从技术狂热到理性繁荣 / 刘晓春著. -- 北京：中国友谊出版公司，2022.11
ISBN 978-7-5057-5559-8

Ⅰ．①金… Ⅱ．①刘… Ⅲ．①金融－科学技术－研究－中国 Ⅳ．① F832.3

中国版本图书馆 CIP 数据核字（2022）第 161201 号

| | |
|---|---|
| 书名 | 金融科技新格局：从技术狂热到理性繁荣 |
| 作者 | 刘晓春 |
| 出版 | 中国友谊出版公司 |
| 策划 | 杭州蓝狮子文化创意股份有限公司 |
| 发行 | 杭州飞阅图书有限公司 |
| 经销 | 新华书店 |
| 制版 | 杭州真凯文化艺术有限公司 |
| 印刷 | 杭州钱江彩色印务有限公司 |
| 规格 | 880×1230 毫米　32 开<br>9.375 印张　200 千字 |
| 版次 | 2022 年 11 月第 1 版 |
| 印次 | 2022 年 11 月第 1 次印刷 |
| 书号 | ISBN 978-7-5057-5559-8 |
| 定价 | 69.00 元 |
| 地址 | 北京市朝阳区西坝河南里 17 号楼 |
| 邮编 | 100028 |
| 电话 | （010）64678009 |

"新金融书系"是由上海新金融研究院(Shanghai Finance Institute, SFI)创设的书系,立足于创新的理念、前瞻的视角,追踪新金融发展足迹,探索金融发展新趋势,求解金融发展新问题,力图打造高端、权威、新锐的书系品牌,传递思想,启迪新知。

上海新金融研究院是一家非官方、非营利性的专业智库,致力于新金融领域和国际金融的政策研究。研究院成立于2011年7月14日,由中国金融四十人论坛(China Finance 40 Forum, CF40)举办,与上海市黄浦区人民政府战略合作。

上海新金融研究院努力提供一流的研究产品和高层次、有实效的研讨活动,包括举办闭门研讨会、上海新金融年会、外滩金融峰会,开展课题研究,出版《新金融评论》、"新金融书系"等。

中国金融四十人论坛是一家非营利性金融专业智库平台,专注于经济金融领域的政策研究与交流。论坛正式成员由40位40岁上下的金融精锐组成。CF40致力于以前瞻视野和探索精神,夯实中国金融学术基础,研究金融领域前沿课题,推动中国金融业改革与发展。

# 序

　　创新，需要激情，需要天马行空的想象与思想火花；但真正有效的创新，更需要激情中的冷思考。晓春同志这本书中的各篇文章，处处体现了这样的冷思考。这或许与他多年在银行各岗位、各机构经营管理中的创新实践有关。也因此，他的叙述既专业，又通俗，有理论、有实践、有逻辑。

　　在金融科技创新中，摆正技术与业务的关系，是非常关键的。晓春同志在书中提出，金融创新需要三项技术，即金融技术、制度技术与科技技术，其中金融技术是主导，目的是创新金融服务模式和金融产品。以此为基础，他从银行业务经营的角度对这些年金融科技创新进行了多方面的思考。换个角度，也可以说是以金融科技为立足点，对银行业务和银行经营管理进行了全新的思考，有了许多新的发现和设想。这些对银行工作人员和金融科技人员，无疑都有很大的启发。

　　金融科技融入到传统金融领域后，在传统伦理道德问题的基础上又嫁接了新的科技伦理等一系列风险，也导致一些风险变得更加广泛而深刻，集中表现在数据与算法层面，比如数据泄露、数据垄断、数据鸿沟带来的问题，算法歧视和算法控制带来的问题等。一些机构普遍存在重科技轻伦理、重发展轻治理的现象；一些管理人员和科技人员强调金融科技的技术属性，却忽视正确的道德观、科技观与金融观；金融机构对从业人员如何做人、做事、做学问、做业务的价值引导和教育培训欠缺；同时，相关理论研究也相对滞后，伦理知识宣传普及还不适应新形势的发展需要。晓春同志在书中也对这些年金融科技创新中的各种现象进行了有益的思考和分析，并据此提出了许多监管建议。这部分内容，我认为对更好地理解这些年新出台的金融监管政策，有一定的帮助作用。

关于数字货币，书中从货币发展史和货币流通出发，进行了非常有趣、通俗、专业的分析，厘清了社会上许多混乱的概念。关于应对美国金融制裁，书中从银行国际结算业务实操出发，对 SWIFT 系统、跨境清算、人民币跨境支付系统、人民币国际化等进行了非常接地气和精彩的分析，提出了许多对策建议，更提出了利用金融科技创建新的跨境清算平台的具体设想。

当前，我国数字经济发展进入了快车道，面对这样的发展趋势，银行要高质量为实体经济服务，必须加快数字化转型步伐。每家银行的禀赋、文化、历史和客户基础都不同，做好差异化的战略定位，因地制宜地实现数字化转型很重要。数字化转型不仅仅是科技投入的问题。实际上，关于如何形成以客户需求为导向的经营理念、治理结构、组织架构以及服务模式等，银行受到的阻力远远比科技投入要大得多。这个领域可研究的内容非常丰富,也是广大银行工作者、金融科技工作者和监管部门非常关注的。我觉得,晓春同志的这些冷思考可以给大家在研究时提供一些参考。

肖钢

第十三届全国政协经济委员会委员

中国金融四十人论坛资深研究员

中国证监会原主席

# 前言　无限想象与超乎想象

金融科技经过20年的发展，已经到了一个新的阶段。之所以说是新的阶段，首先，是金融科技面对的环境发生了根本的变化。当前，可以说已经进入了数字化时代，虽然数字经济、数字生活、数字社会还在深化发展的过程当中，但数字化已经实实在在地展开了，这与前20年是完全不同的。其次，在经历过狂飙突进式的创新试错洗礼之后，金融科技无论是在应用创新，还是制度建设、监管机制上，都进入了理性、有序的发展阶段。此时的金融行业对金融科技和数字技术都有了更加深入的认识，更加理解技术的可能与局限，对技术的未来发展也有更加美好的展望，也逐步认识到不同金融领域的特殊性和社会性。

技术的创新与技术应用的创新，是两件完全不同的事。对于应用来说，在乎的是技术在业务创新中的可用性，而不是技术创新。作为银行管理人员，关心的是新技术是否有助于更好地创新金融业务、是否有助于降低成本、是否有助于赢得客户、是否有助于提高效率、是否有助于管理风险等。所以，所谓试错，是试新业务的错，而不是试新技术的错。既然是应用数字技术对金融业务进行创新，我们就必须真正理解金融业务，理解目前发展形势下金融所面临的种种问题，分析和总结前 20 年金融科技发展的成功经验与失败教训，畅想未来可能创新发展的金融新领域。数字技术要真正在金融创新中落地，而不能就技术论技术。

我们对科学技术的未来、应用，可以有无限的想象，但只有在技术被真正地应用以后，人们才会发现，完全超乎想象。一方面是许多想象中的应用并没有实现，或并不被人们接受；另一方面是更多的应用并没有出现在当初浪漫的想象中。最终，人们发现再怎么超乎想象的应用，实际上也不是不可想象，因为它们都符合一定的规律。新技术的应用，会带来新产品替代老产品，新业务模式颠覆旧业务模式，新行业冲垮旧行业的现象，但这些都只是产品、模式、行业的形式变化，至少在经济领域和金融领域，技术不可能改变经济规律和金融逻辑。

当你认识到金融业务创新中的许多问题不是金融科技能解决的时候，你才会发现更多金融科技可以真正发挥作用的领域。

在本书出版之际，我要特别感谢中国金融四十人论坛资深研究员、中国证监会原主席肖钢先生。肖主席对金融科技和智能金融的建设有着非常全面、深入的研究，给了我很多启发，这次拨冗作序，更是对我的极大鼓励。

此外，我还要特别感谢中国金融四十人论坛秘书处的廉薇女士和孟凡钰女士，她们设计了本书的框架结构，参与了本书所有稿件的编辑，并负责出版的协调与沟通。尤其是廉薇女士，不仅用心确立了本书的定位，策划了选题，更重要的是，一年多来，她对我的不懈催促和耐心交流促进了本书的完成。没有她们的努力与坚持，出这本书，对我来说是不可想象的。我相信，她们的这些工作，技术是不可替代的。

刘晓春<br>2022年6月9日星期四

# 目 录

## 第一章　科技发展与人类未来

共同富裕与金融向善　/　3

第四产业、虚拟经济与火星生活　/　12

信息不对称与平台经济　/　20

科技平台与人类社会的和谐相处　/　31

智能合约与数字货币和数字账户　/　44

人类的未来不是元宇宙，元宇宙的未来会是什么　/　51

技术进步如何影响我们的就业　/　58

## 第二章　金融科技的冷思考与新思路

数字普惠金融的未来　/　67

数字普惠金融的中国方案　/　76

农村金融的迷茫与破题　/　86

消费金融的本质与风险管理　/　97

金融科技与高估值幻觉　/　104

创新结算模式，促进金融科技的颠覆性应用　/　110

## 第三章　金融业务的创新与监管

民间借贷适用法律的逻辑 / 121

监管必须直面金融科技新课题 / 128

中小银行"避雷"指南 / 136

是时候重新审视银企关系了 / 142

银行理财子公司应该做好自身定位 / 151

重新审视金融业务创新与监管 / 155

数字社会的数据公共治理何解 / 164

## 第四章　银行数字化转型新课题

银行数字化的逻辑与原则 / 175

银行应用金融科技的方向 / 183

数字化转型之对公业务新课题 / 190

银行如何适应供应链金融新发展 / 206

数字化转型之内部管理新课题 / 216

## 第五章　数字货币与国际清算体系

数字货币离真正的货币还有多远 / 229

中国央行数字货币的七大猜想 / 240

开拓数字货币技术的更大空间 / 252

中国数字支付可能遭遇的挑战 / 259

SWIFT 系统、国际清算系统和数字货币 / 263

建设跨境清算新体系 / 272

# 第一章

# 科技发展与人类未来

## 共同富裕与金融向善

共同富裕，是政治选项，而非单纯的经济选项。中国共产党人说"不忘初心"，就是庄严的政治承诺。改革开放初期，面对百业待兴的特殊情况，提出让"一部分地区、一部分人可以先富起来"，目的就是让先富起来的地区和人将来"带动和帮助其他地区、其他的人，逐步达到共同富裕"。所以，这个承诺是一贯的，只是在不同历史时期，有着不同的背景、战略和措施。

现在，"让一部分地区、一部分人先富起来"的阶段性目标已经实现，同时历史性地消除了绝对贫困。但也应该清醒地看到，在前一阶段我国经济的快速发展过程中，出现了一定程度贫富差距扩大的趋势。在这样的背景下，共同富裕就是要实现让先富起来的地区和人"带动和帮助其他地区、其他的人，逐步达到共同富裕"，并且对共同富裕的目标和实现的方式给出明确的定义。

共同富裕是一个逐步达成的过程，只能在发展中逐步实现，也就是通过创造增量财富来实现，不可能一蹴而就。共同富裕，不是平均富裕，也不是同步富裕，不可能靠对存量财富的"均贫富"来实现。

共同富裕不是单纯的个人或家庭货币收入上的富裕，而是包括人民享受公共福利和公共服务的富裕，更是人的全面发展意义上的富裕。所以，二次分配、三次分配，不是杀富济贫，不是通过二次分配、三次分配把货币直接转移支付给个人或家庭。

要创造更多的财富，实现共同富裕，就必须进一步推进市场发展与科技创新，发挥金融在市场中有效配置资源的作用。

正因为有市场、有金融，人类才更需要探索共同富裕之路。市场、金融和科技一样，也创造了巨量的财富，使得地球能够养活越来越多的人，推动了人类社会的发展。但很遗憾，市场、金融、科技却并没有给人类社会带来共同富裕，无法消除人类社会的不平等和贫困现象。也就是说，市场、金融、科技，对人类发展的总体作用和对不同历史时期、不同地域、不同群体、不同个人的作用是不同步、不同向的。

市场固然有其自身的逻辑，但市场不是人类社会中的真空存在，它与人类政治、文化、军事等根本就没有边界。市场的运作原理在理论上可以自洽，但在现实中却需要与政治、文化、军事等相互作用。就市场来说，供需会因为价格的变动而平衡，或者说，供需的失衡会导致价格的变化，价格反过来影响供需，最终达至均衡。但从不均衡到均衡是一个过程，而不是瞬间。当市场失衡时，各市场主体无论是机构还是个人，都不会单纯去等待市场均衡，他们的一切行为既是经济的，也是社会的。因此，在市场达到均衡前整个社会有可能就已经失衡了。所以，"看得见的手"之所以出手，往往并不是因为政府要干预市场，实在是"无形之手"挑逗的。但经济学家却总是归罪于"看得见的手"。

"劳动者的普通工资……劳动者盼望多得，雇主盼望少给。劳动者都想为提高工资而结合，雇主却想为减低工资而联合。""雇主的人数较少，团结较易。加之，他们的结合为法律所公认，至少不受法律禁止。""据说，工人的结合常常听到，而雇主的结合却很少听到。可是，谁要是因此认为雇主实际很少结合，那就未免昧于世故，不了解这问题的真相了。雇主们为使劳动工资不超过其实际工资率，随时随地都有一种秘而不宣的团结一致的结合。"这可以说是一种自然结合。"对于雇主的这种结合，工人们往往也组织对抗的防御性结合。""他们的结合，无论是防御性的或是攻击性的，总是声闻遐迩。为求争点迅速解决，他们老是狂呼呐喊，有时甚至用极可怕的暴力。他们处于绝望的境地，铤而走险，如果不让自己饿死，就得胁迫雇主立即答应他们的要求。这时，雇主也同样喧呼呐喊，请求官厅干涉，部分因为雇主较能持久，部分因为大多数劳动者为了目前生计不得不屈服，往往以为首者受到惩罚或一败涂地而告终。"这些是亚当·斯密在《国富论》中的叙述。

趋利避害，这是人的本性，也是市场机制的根本推动力，这是经济学所谓的理性人假设。实际上，人类的许多发明创造、灾难动荡、战争革命，都是由这个根本动力推动的。本性，是天然的，无所谓善恶。因此，市场、金融、科技，其本身也无所谓善恶。趋利，无论对国家、族群、机构还是个人来说，都是正常、理所应当的。某人或某机构趋利行为的结果，一般是对自己有利，但是否对他者有利、对社会有利，则不是确定的，甚至在一定情况下，对自己也不一定有利。有时，一个市场参与者所得之利，可能远远低于其他人或者社会的损失。这就是再发达的市场经济体依然存在贫富分化，不得不有社会福利制度的缘故。

金融是人类最伟大的发明之一，和许多科学发明相比也不遑多让，它与文字、哲学等一样对人类社会发展及生活影响甚巨。金融的本质就是债权债务（股权实质上就是永续债），是建立在信任基础上的逐利行为。然而，因为逐利，又往往背离信任，与信任形成拉扯，或在信任与欺诈之间徘徊。金融加快了社会财富的周转速度，加速了社会资本的积累，极大地推动了人类科技的进步、财富的加速创造。同时，也因为这样的机制，金融给社会带来了财富集中和收入差距扩大的困境。因此，我们无法单纯地用道德来定义金融的好与坏，善与恶，我们固然可以评判创造金融者或应用金融者，也可以评判金融的结果，但没有办法对金融本身进行好与坏，善与恶的评判。

市场、金融，如同科技，它们不是洪水猛兽，而是人类社会的天然伴生物，是促进人类社会进步的决定性要素，人类无从回避，恐怕也不能消灭它们。我们要实现共同富裕，依然需要市场、金融和科技的助力。

亚当·斯密在《国富论》中说："对工资劳动者的需求，必随一国收入和资本的增加而增加。""然而，使劳动工资增高的，不是庞大的现有国民财富，而是不断增加的国民财富。因此最高的劳动工资不在最富的国家出现，而却在最繁荣，即最快变得富裕的国家出现。"由此我们也可以看到，共同富裕只有在社会财富的不断创造中才能实现，一个停滞发展的社会是不可能实现共同富裕的。

一次、二次、三次分配需要相互配合，相互配合的关键，是善于发挥市场机制的作用和金融配置资源的功能。二次分配、三次分配，并不是独立于一次分配之外的。可持续的二次分配、三次分配，必然有利于市场的发展，能促进实现有效的一次分配。有效的二次分配、三次分配，不产生养懒汉的副作用，同样需要借助于市场机制的作用。通过二次分配、三次分配的引导，促使一次分配充分发挥市场效率的同时，实现相对的公平。二次分配、三次分配的结果，主要不是体现在个人货币收入上，而是体现在这样一些方面：更加丰富、公平的公共服务、公共福利，比如教育、养老等；更加丰富的公共设施和友好的生活环境；更加公平的法治和营商环境；促进市场更加活跃地发展，提供更多的不同类型的就业岗位；有效的困难救助体系等。

削峰填谷式的二次分配、三次分配，是传统"均贫富"的思维方式，无异于劫富济贫，将会扼杀市场机制的作用，最终只可能共同贫困，不可能共同富裕。

市场、金融要促进共同富裕，就要抑制其可能的副作用，通过各种政策手段，包括二次分配、三次分配等，引导其向善。就金融而言，可以做以下三方面的工作。

**第一方面，金融服务向善。**

首先，发展普惠金融。

金融支持共同富裕，普惠金融是题中应有之义。但在发展普惠金融，支持共同富裕的同时，必须始终明确，普惠金融不是三次分配，不是慈善救济，它依然是市场机制下的资源配置，是金融机构的经营行为,必须商业可持续化。所以,普惠金融不是简单地、不分对象地普遍提供贷款,更不是提供优惠利率贷款。

普惠金融是要为广大弱势人群提供适当的可负担的金融服务,尤其是现代经济条件下的银行账户和支付服务。因为现代经济运行和金融服务,都是建立在有效的银行账户及相应的支付体系上的。

普惠金融是要创新性地提供各类保险服务,如就业保险、医疗保险、教育保险、旅行保险、职业病保险、养老保险等,为各类弱势人群提供托底服务,在共同富裕的道路上不会因为人生中的一些意外导致返贫或滑落至社会底层。应当把大力发展第三支柱商业养老保障体系作为普惠金融的重要内容。

普惠金融更要大力发展小微金融服务。服务小微企业,提供贷款不是最重要的,最重要的是提供良好的账户和结算服务,加快资金流通,减少小微企业不合理的应收款占用,降低融资总规模和融资总成本。

其次,金融支持共同富裕,必须大力推动环境、社会和公司治理投资(ESG投资)[1]。

从共同富裕的角度说,ESG投资应该成为金融服务的硬约束。现在绿色投资已经引起了各方的高度重视,可以预期各类标准很快就会出台。我认为,金融机构提供金融服务,尤其要关注服务对象的社会责任担当和公司治理情况。

---

1 即环境(Environmental)、社会(Social)和公司治理(Governance)。

现在许多企业简单地把社会责任当作捐赠、扶贫，这是不够的。捐赠、扶贫是三次分配，应当鼓励，将其作为投融资的硬约束条件，会有利于借助市场机制促使企业加强这方面的工作，这肯定比用道德劝谕、行政方式有效和有益。但目前在企业公益捐赠方面需要注意两个问题：一是一些企业在高杠杆的情况下无度捐赠，甚至一边大量向银行借款和发债，一边在世界各地进行名目繁多的捐赠，这不仅不能达到共同富裕的目的，而且还会给社会带来系统性的金融风险隐患；二是许多企业的实际控制人严格区分个人财产和公司财产，但捐赠、扶贫却只用公司的资金和财产，个人享受因公司捐赠和扶贫等获得的荣誉与好处，这同样背离了共同富裕的初衷。因此，金融机构在评价投资对象的社会责任时，既要评价公司的社会责任担当情况，也要评价企业实控人的社会责任担当。企业公益捐赠的数量应该控制在合理的范围内，高负债下的无度捐赠不是社会责任担当，是对社会不负责任的表现。

公司治理，不仅是公司治理架构和程序是否完善，就共同富裕而言，要特别关注公司治理中对员工合法权益的保障情况。一些企业一方面用高杠杆贷款在外大搞公益，企业领导人到处担任公益大使，但在企业内部却侵犯员工合法权益，甚至利用人工智能算法千方百计剥削员工；一些企业千方百计侵犯消费者权益；还有一些企业挤压上下游中小企业的流动性，给中小企业造成了资金流动困难，增加了融资总量和融资成本，也给中小企业带来很大的经营困难和风险。这些企业的做法实际上都是在一次分配环节中造成极大的不公平，把共同富裕的责任推给了社会。金融机构应该把服务对象公司治理情况也作为投资与否的实质性要素纳入评价体系。

再次,支持非营利机构及其创办的企业。

随着三次分配的逐步发展,社会上产生了越来越多的公益机构以及这些机构创办的企业。金融机构应积极创新专属的金融产品和金融服务方式,为这些机构和企业提供有效的服务。

**第二方面,金融机构向善。**

金融机构在提供服务时要求服务对象做到的ESG方面的内容,其自身在经营管理中也应该做到。尤其是在员工绩效考评方面,要兼顾效率、效益和公平,兼顾某项业务的本身收益和机构整体长远发展目标之间的平衡。在履行社会责任方面,一方面要发挥自身业务优势,另一方面也要有效隔离履行社会责任与业务经营所带来的风险。

**第三方面,金融监管向善。**

金融监管方式,对于需要禁止的行为必须明确界限,并具有执行的可操作性;对于需要鼓励的行为,则尽可能用引导性的政策手段,借助市场机制达到目的。比如,非法经营金融业务,必须明令禁止,坚决打击,不存在所谓的因为创新而网开一面的模糊地带。普惠金融、支持小微企业等,则以定向降准、定向再贷款优惠利率等引导性政策手段为妙,为金融机构留出差异化竞争的市场空间。

金融监管,不应该仅仅是对金融机构的监管,而应该是对所有金融市场参与者的全面监管。

首先,要加快ESG投资监管标准的制订。这方面,特别要关注的是对企业公益捐赠的约束。企业公益捐赠必须控制在一定负债率条件下和一定净利润占比范围内，确保企业的公益捐赠等是可负担、可持续的，并且不会给社会带来金融风险。企业实际控制人的公益捐赠等可以作为企业社会责任评级的加分项。其次，企业员工权益保护、消费者权益保护、上下游客户权益保护等，都应该有明确的要求和评定标准。通过这些监管标准约束投融资行为，促使金融机构和企业在提升市场竞争力的同时，保证一次分配的公平、公正与效率。

再次，要依法实行全面信息披露监管。真实、准确、完整的企业信息披露，不仅仅是资本市场或直接融资市场的要求，应该是企业在所有融资活动中都需遵循的法定要求。

最后，要制定有利于支持共同富裕的有关引导性政策。比如对于金融机构支持公益机构、公益机构创办的企业、福利企业等实现的收入给予税收优惠，就相关信贷业务给予定向存款准备金缴纳优惠，再贷款额度及再贷款利率优惠等。

# 第四产业、虚拟经济与火星生活

　　人类是个不断造词的物种，又是一个思维发散的物种。每当造出一个新词，随着思维的发散，词义就会不断变化，以至于后人使用前人所造的词，表达的却早已不是前人的原意。也是因为思维发散，所以也顾不得前人造过的词，只一意地创造新词，以至于新词与旧词常常发生"撞衫"。于是常有旧词新用的现象，美其名曰"赋予旧词新的意义"。更高级的说法是"赋予新的生命"。

　　词的作用是形成故事，达成共识。一旦达成共识，词和故事就会产生巨大的力量，改变人类的生活方式，推动历史的演进。当然，共识也有大的共识和小的共识。共识的大小不同，其当量也就不同，持续作用的时间也会不同。比如，"改革开放"一词，持续了四十多年时间，深刻地改变了中国的面貌，也改变了人类历史的进程。再比如，"American First"（美国优先），至少创造了多次美国股市的新高和创纪录的熔断次数。

　　为了能让词形成故事，达成共识，人类总试图给词寻找逻辑和规范。但词的创造并不总是有逻辑的。随口敷衍的一句"莫须有"，却成了千年来的专有名词。而许多挖空心思创造的词，又往往倏忽而过，激不起一点涟漪。

近几年产生了"第四产业"这个新名词。这个名词指的是一些自身并不怎么赚钱,但对其他行业的发展具有帮助作用的,有一定公共品性质的行业。比如,情报收集与分析、产品研究与开发、咨询业务、教育等。其特征是以生产公共产品和私人产品为产业基础。定义为"用户体验产业",这个定义其实有点模糊不清。

三个产业的分类,第一、第二产业的分类相对比较清楚,第三产业是个大杂烩。所有第一、第二产业以外的产业都划入第三产业,并称之为服务业。仔细想来,这个分类尚属过得去,却还是有许多模糊的地方。比如服装厂,毫无疑问是第二产业。但路边裁缝店呢?以前上门做衣服的裁缝呢?他们是否属于第二产业?

服务业是否可以这样定义:为实现第一、第二产业产品的使用价值和为人们生活提供方便的行业。但好像也不是很明确。比如书店是服务业,出售的是印刷厂的产品——书,那书的使用价值是什么呢?如果是让人们认字,或者在书页上书写,这是印刷厂产品的使用价值。如果是小说、诗歌、绘画、书法,这又不仅仅是印刷厂的产品,使用价值也不是"书"这个产品所能涵盖的。再比如电竞,电竞是个行业,还是一项娱乐活动?你可以花钱去玩电竞,但是电竞也是个赚钱的行当,那它是服务业吗?为谁服务了?服务业的内容确实太过复杂,有必要进一步细分。

说到"第四产业"的特征,即所谓"公共性",则更加难以界定。公路具有"公共性"特征,银行具有"公共性"特征,邮政具有"公共性"特征,电信具有"公共性"特征,但创造出"第四产业"这个名词的人,似乎并没有把这些产业归入"第四产业"的打算。那么物流业呢？还有互联网平台、快递小哥、加油站等，是不是都可以归入"第四产业"？

研究"第四产业"的专家，特别提到信息收集和情报分析，并由此把"第四产业"定义为"信息产业"，再往前推一步，就是以计算机为基础技术的知识型产业了。

"信息经济""信息产业""知识经济"和"知识产业"，是一组在二十世纪七八十年代计算机技术发展起来后被热炒的名词。在中国，甚至为是"知识经济"还是"智识经济"有过一番无谓的争论。这种争论和热炒，是有好处的，确实起到了"达成共识"的作用，加快了计算机技术，包括互联网技术的进步和普及应用。当然，热炒这些名词的人也达到了他们的目的，赚得盆满钵满。

近年来，又有了新的名词，如"互联网经济""数字经济""虚拟经济"等。这些名词实际上都与"信息经济"一脉相承，尽管都在强调它们是全新的。20世纪90年代即有畅销书《数字化生存》，畅想互联网时代的奇妙生活，其畅想的场景与现在炒作人工智能的人所畅想的场景不遑多让。说白了，炒作这些名词就是想突出某一类经济业态，目的当然还是为了白花花的银子。就如自比特币以后，token（通证）、智能合约、代币、稳定币、加密代码等热词频出。总之，炒作这些词的人是希望能用这些虚拟货币去换取真正的通行货币。

最新出现的"虚拟经济"，其实也是一个旧名词，对应的是实体经济的金融领域。也就是说，传统上，"虚拟经济"指的就是现在许多科技公司希望颠覆并替代的金融业，或者是指过度金融化的经济。

现在提出的"虚拟经济"则是指互联网上的经济活动，或者说线上经济活动。从这个角度来说，与互联网经济、信息经济、数字经济差不多。然而，它也有更进一步的含义，"虚拟经济"专指人工智能或虚拟技术所创造的虚拟现实中的经济，它是与现实经济平行的世界，两者互不干涉。在虚拟世界中，有现实世界中的一切，也有现实世界中所没有的东西，虚拟世界有自己的规则、货币和经济行为。因为有经济行为，当然就有盈亏，就需要投融资。只是不知道现实世界中的金融物种有没有能力和胆略进入虚拟现实，满足虚拟经济的投融资需求。

随着技术的发展，特别是人工智能技术的发展，今后现实世界中的大部分工作将被人工智能所替代，人类在现实世界中将无事可干，所以会进入虚拟世界。这是一个神奇的未来。传统金融如果不思进取，不能融入虚拟经济，一定会被抛弃。

我比较纳闷，现实中的人生活在虚拟世界中，吃喝拉撒睡如何解决？

有道是，随着技术的发展和社会的进步，人类现实生活的所需都将由福利解决。除了吃喝拉撒睡，其他时间就都可以在虚拟世界中了。

在虚拟世界里可以做什么？可以种地、打仗、打怪兽、斗地主。总之，现实世界中有的，虚拟世界里一样都不缺，还可以做到和古人、名人、已故亲属交流对话等这些在现实世界里做不到的事。人可以在虚拟世界里创造一切自己想要的东西。当人的物质需求得到满足后，就会开始追求精神需求的满足，虚拟现实就可以充分满足人的精神需求。

虚拟世界虽然也是由人创造的，但是今后的人工智能将会自我深度学习。未来虚拟现实完全可能脱离人为创造，自己发展。

那么未来的地球将会是什么样？

未来，马斯克的火箭可能会将人类运送到火星。但是忽然有一天，可能是真实宇宙中的上帝无意间的失误，也可能是现实世界中人类机房里产生的一个故障，火星与地球的往来系统彻底瘫痪，飞船失灵了。火星上的人们不能回地球，地球也无法往火星运送物资，火星与地球进入失联状态。火星上的人们经历了天地玄黄，宇宙洪荒，鸿蒙初开，一个男人和一个女人吃了苹果，脑洞大开，将石磨推下山坡而相互结合，铜铁炉中翻火焰，刀耕火种而至于人工智能。于是，火星人掌握了遨游宇宙的技术。根据古老的传说，火星人的祖先来自那个叫地球的星球，多少世代后，火星人驾着飞船飞临地球。

当火星人走出舱门，满眼郁郁葱葱，到处都是整洁的道路和房屋，无人驾驶汽车无声地飞驰着，各种无人操作的器械在自动运转。不同类型的机器人在帮助人类吃饭穿衣，人类除了在机器人的帮助下吃喝拉撒睡，还在眼睛上架着副很大的眼镜，或者头上戴着罩着整个脑袋的头盔，手舞足蹈，大呼小叫。地球，洋溢着一片祥和之气。然而火星人脑子里浮现的，却是世世代代流传下来的一个古老成语：行尸走肉。

人类总是在想象未来，但未来却总是出乎人类的想象。人类虽然有非常聪明的大脑，会创造无穷无尽的新名词，编造丰富多彩的故事，但是所有对未来的想象却都有着一定的类似性，归根结底就是：不用做体力活、不愁吃穿、万寿无疆、花开不败、音乐无时无刻不在悠扬，还伴随着美人曼妙的舞姿。总之，享乐不停。如此看来，所谓天堂、乐土、神仙世界……这些实在是没有技术条件下的虚拟世界。

人，实际上是远比自己想象中复杂得多的物种。只有喜、乐，没有怒、哀，没有悲欢离合的世界，对人来说终究是单调的。人的需求，恐怕不只是马斯洛的五个层次的需求。即使是，也不是层层递进线性发展的，往往是五个层次的需求同时以不同的组合并存，并且，组合还在随时变化着。鲁迅说："我本来不大喜欢下地狱，因为不但是满眼只有刀山剑树，看得太单调，苦痛也怕很难当。现在可又有些怕上天堂了。四时皆春，一年到头请你看桃花，你想够多么乏味？即使那桃花车轮般大，也只能在初上去的时候，暂时吃惊，决不会每天做一首'桃之夭夭'的。"即使是艺术家，也不会一天到晚沉浸在艺术氛围中，郑板桥说："终日作字作画，不得休息，便要骂人；三日不动笔，又想一幅纸来，以舒其沉闷之气。此亦吾曹之贱相也。"

而且，我觉得现在可能因为有了人工智能，人类的想象力反而退化了。

柏拉图在想象他的理想国时，他很清楚，理想国公民进行哲学思考，是需要有坚实的第一产业、第二产业和第三产业作为支撑的。所以，他的理想国里除了理想国公民以外，还要有奴隶。

现在人们想象未来世界时，一味地着意于技术的进步，却全然没有考虑人类自己肉身的进化。百年前，面对机械化、自动化时代的到来，那时的人们想象未来各种劳动都将由机器完成，人更多的是从事娱乐、发明创造、艺术探索、哲学思考，这是不是和我们现在对未来人工智能的想象类似？但是，当时的人们还想到，由于不用从事体力劳动，更多的是脑力劳动，因此，人类的四肢将会萎缩，而脑袋将无比发达。那时的人类，可能会是四肢短小软弱，身躯顶着一个巨大的头颅。

是啊，技术进步的同时，我们不能把自己的肉身落下，否则真的成了"行尸走肉"了。

人类不但会创造名词、编造故事、会想象，还会做梦。梦，才是美妙的虚拟现实！梦是你做的，但你却不能控制它，也不能对它进行编程。有些梦会重复，更多的梦则绝对超乎你的想象。有时，白天你还想续做凌晨的梦，只是梦境不是你想续就能续，迷糊中，你似乎游历了另一个梦境。然而，春日暖阳已经晒着你的脸。

一个小伙子从虚拟世界回来，突然发现因为他在虚拟世界里的所作所为，在现实世界竟欠下了十几万元的法定货币债务，而他在现实世界的货币收入一个月只有5000元。

梦醒时分。看来，在现实世界中用"第四产业"这个词来表述人工智能技术创造虚拟现实所形成的生态，不是很恰当，至少没有形成共识并达到讲故事的能级。赋予旧词以新的生命，用"虚拟经济"是再恰当不过了。不过，这样的虚拟经济，还是有广义、狭义之分的。狭义的虚拟经济，就是人工智能技术所创造的虚拟世界中的经济活动；广义的虚拟经济，包括投资创造虚拟现实技术的经济活动，投资支撑虚拟世界的现实世界中的设备、系统、运营团队和公司的经济活动，以及狭义的虚拟经济。

　　虚拟现实、虚拟经济，一定是现实世界的人投资、创造的。创造虚拟现实的科技人员，或许只是为了发挥自己的技术才能，追求自己的技术理想，但投资虚拟现实的人，一定是有着他的现实经济目的。虚拟世界中的所有经济活动，其盈亏结果，最终也要在现实世界中变现。就像赌场一样，赌场是由人投资的，进入赌场后，你需要投入你的赌资，换得赌筹。在赌场中，你可以融资，离开赌场时，也可以将你赢得的赌筹变现为现实世界的货币；同时，你欠下的赌资也会是你现实世界中的负债。所以，虚拟世界和现实世界并不是平行世界。虚拟经济，只是现实经济的投资品，它当然能满足人们的需求，满足发明人的创造欲；满足投资人的盈利（割韭菜、薅羊毛）欲；满足各种参与人形形色色的欲望。

# 信息不对称与平台经济

　　信息对称，是由信息不对称理论引发的概念。因为发现了信息不对称现象，于是人们希望达至信息对称的境界。所谓信息不对称，是指在市场中人们对有关信息的了解是有差异的。对同一类商品的信息，有的人了解得多，有的人了解得少。掌握信息比较多的人，在交易中往往处于比较有利的地位，并因此获益。在市场中，交易各方都试图收集足够多的信息，以确保自身利益。这本该是市场中必然的现象，即人人追求信息对称，而事实上，信息总是不对称的。交易费用、交易成本等，就是对追求信息对称的另一种表述。

　　信息不对称理论，本来是一种对市场现象的客观描述，但因为近年来互联网金融，或金融科技的发展，突然就成了热词。围绕着信息不对称和信息对称，所要表达的是，一旦应用了各类金融科技，信息就透明了、对称了，交易双方就不需要承担中介费用了。言下之意，互联网、大数据、云计算、区块链、人工智能等，这些技术都具备这样的强大功能。

　　什么是信息对称？

　　信息不对称理论的原初含义是，人们对同一类商品的信息，了解程度不同，有的多，有的少。那么，由此首先得出的有关信息对称的结论就是，每个人对同一商品的信息要掌握得足够多，越多越好，越全越好。

人们追求信息对称的目的，是为了对事物进行准确的判断。一个事物的属性有方方面面，对于不同的方面，可以有不同的判断。在市场中，人们要判断的或许是商品的价格、质量、功能、规格等。但无论如何，需要判断的内容是有限的。然而，有关某个商品的信息，理论上是可以无限的，其中绝大部分与人们当下交易所要判断的内容是无关的。如果你去商城购买一台电脑，电脑的外观、品牌、硬盘内存配置等信息是使用者需要关注的，而更多有关这台电脑的技术、材料、产业链、仓储物流等信息，作为使用者的你完全可以不去关注。

就像耳朵的职能是倾听外界的声音，但耳朵对外界许多无关的声音是听不见的。如果外界所有声音都能无阻挡地灌入耳中，则会损伤听力。所以，接受杂音太多，并无好处。

对于银行的信贷风险管理来说，需要掌握大量信息。有关借款人的信息，包括借款人的人品、嗜好、资产实力、借款用途、收入水平或经营能力、收入支出状况或经营状况等。一方面，需要收集尽可能多的信息，但另一方面，也不能漫无目的地收集信息，因为信息过多过杂，反而会影响风险评估的准确性。现在应用大数据、云计算和人工智能做风控模型，给借款人的信用打分，极大地提高了风险评估的准确性。如果收集的信息过于庞杂，与客户信用风险相关度低的信息占用了一定的评分比例，实际上就等于提高了借款人的信用度，遮蔽了一部分风险。就如同年终对员工进行考评打分，一般工作的打分项太多，并且大部分都很难扣分，最后加总的分数就会不符合你对员工品德、能力的评价。但如果把员工必须完成的工作作为扣分项，而不是基础分，或许对员工能力、工作表现打分的最终结果会更符合实际。

所以，这说明信息的完备并不完全等同于信息对称，而应该是与你所要评判目的相关的信息尽可能完备，才称得上信息对称。

那么，一大堆信息透明、公开地放在你面前，是不是就算信息对称了呢？未必。

天底下，法律信息可能是最公开透明的，因为所有法律条文都要公开发布，昭告天下。法律条文往往都非常严谨清晰，可以说完全符合信息对称的要求。然而，律师还是赚得盆满钵满，世界上的聪明人遇到问题都要请律师。碰到个别敲骨吸髓的律师，他还要给你制造法律上的信息不对称。反观一般老百姓，生活、工作简单，按常识做事，少有机会用法或用到律师。

所以，信息对称还指信息收集人在知识和能力方面，与收集到的信息及所要进行的评判能够匹配。也就是说，所谓信息对称，除了做评判所需要的信息要足够多以外，还需要有对等的评判能力。这样的能力在确定需要收集什么信息、如何收集信息、如何识别和使用所收集的信息时，就已经体现出来了。"对称"，在这里是"对等"之意。

两个交易对手，掌握同样的信息，但谈判的结果不一定就是公平的，这取决于两个人对信息的认知水平和判断能力。谈崩了，则更说明两个人对信息的判断不在同一层面上。

理论上，P2P信贷不失为一个好的信贷模式，现实中也有非常成功的案例。创业者有很好的技术或项目，但没有资金，投资者有钱，需要好的投资项目。创业者利用互联网平台，将有关项目的各种信息公布出来，投资人看到资料后感兴趣，于是放贷收息，皆大欢喜。但为什么P2P最终会一地鸡毛？当然有借款方信息披露不充分，甚至披露虚假信息的问题，但更重要的是，大多数投资人没有识别项目信息的能力。不能识别信息，风险控制也就无从谈起。也就是说，投资人对信息的识别能力与信息本身不在一个等级上。

在机构内部的管理中，为了节约人力成本，管理者往往提倡一人多岗。尤其是初创机构和小型机构，它们人员少，业务尚在发展过程中，业务分工、业务流程在不断变动和磨合，一人多岗不但能节约成本，同时也能调动每个人的积极性和能动性。但在稍微大一些的机构，业务分工和业务流程已经基本定型，此时若还采用一人多岗模式，承担多岗职能的员工就会怨声载道，抱怨兼顾的工作太多，严重影响了他的主要工作。

仔细分析，一人多岗一般有两种情况：一种是一人兼工作性质和工作所需能力相类似的不同工作，其中有一项是主岗位；另一种是主岗位之外兼一些能力要求相对低的工作。一般不会出现低层次工作岗位兼高层次岗位工作的现象。比如，一般文字秘书会顺带兼收发的工作，但不会有收发员兼文字秘书的工作。前一类的一人多岗不会有太多抱怨，最多是嫌工作任务多；而后一类的抱怨则比较多，而且所抱怨的主要是，兼职的工作严重影响了自己的主要工作。原因是越是高层次的工作，工作时间的弹性越大，越低层次的工作，工作的时间刚性越强。换句话说，就是一般被兼顾的工作都是看上去顺手可以做的简单工作，但却必须在八小时工作时间内完成。比如文字秘书的工作，虽然文字材料产出有时间要求，但在文件写出之前，秘书不必始终处在写作状态，所以领导觉得秘书可以在不写作的时候去做一些简单工作。但如果必须在八小时内完成的简单工作太多，秘书就只能下班后再完成本职工作。同时，由于白天不断有各类杂事打扰，压缩了寻找资料和学习的时间，打断他的思考和酝酿。这当然严重影响了秘书的主要工作。于是，秘书就会抱怨，甚至消极怠工，并且会影响其他人的工作。

此时，管理者就要进行管理。首先，当然要搞清楚员工为什么抱怨。这就需要充分收集信息。有关该员工的信息很多，比如一天吃了三顿饭、上班有时看报纸和浏览网页、他抱怨的内容等。因此，管理者需要筛选信息，找到员工抱怨的真正原因。这就需要管理者的认知信息、运用信息的能力了。文字秘书如果是文字工作过多，他会因工作繁忙、任务太重而烦恼，但这种烦恼与被许多杂事牵绊而影响文字工作的烦恼是不同的。虽然这两种烦恼的表现不同，但他自己并不一定能意识到。找到这个原因，也就信息对称了。此时，管理者根本不必去追问员工到底抱怨了什么，而是要找到解决的办法。这实际上是管理中的成本核算问题。一种是花低工资设一个收发岗位，让文字秘书从这类工作中解放出来，以创造更大的价值；第二种，机构中收发类的工作量并不大，专设岗位无疑是浪费，低工资招来的员工并不能兼文字秘书工作，所以，可以减少文字秘书这方面的工作量,让其他员工承担一部分;第三种办法,还是让文字秘书兼收发工作,按收发岗位三分之一的工资提薪;第四种办法,给文字秘书提薪的同时提职,年终再评优。总之,这不是一道高工资员工做低工资岗位工作的简单算术题。因此,管理者在实行一人多岗时,要高度关注高能力层级兼低能力层级工作的适度性。员工能力与岗位需求是否匹配,也是一种信息对称的难题。

一人多岗的例子,充分说明对信息的认知和运用能力在信息对称中的关键性。

当我们收集到与所要评判的事物足够多的相关信息,并且具备相当的认知和运用能力时,就是达到了信息对称吗?就可以解决一切问题吗?我们做任何事,是不是都必须做到信息对称?

信息对称本身并不是目的。信息对称的目的是对事物做出判断,并对下一步行动进行决策。这些都需要相关的专业能力。比如商业谈判能力。即使掌握了足够多的信息,如果不善于谈判,也不一定能得到理想的结果,有时还可能因为谈判僵持而贻误商机。

达到信息对称的过程,也是一个付出成本的过程。为信息对称付出的成本,很可能远远超出因信息对称在交易中所获得的效益。

2002年,我在香港工作,周末与程序员同事相约一起去深圳。同事提出想先去湾仔和旺角给夫人买一个电子产品。到了湾仔,他边挑边给夫人打电话,没有买。再去旺角,还是边挑边给夫人打电话,依然没有买。在去深圳的直通车上,我问他为什么不买?他说到深圳再看看。到了深圳,我们直奔华强北,他仍然边挑边打电话,最后还是没买。我问他:"你和夫人,两个人究竟谁是学电子计算机技术的?"他说:"我学技术的。"我问:"那你问她干吗?"他说:"要货比三家,把不同价格告诉她。"我说:"你这一路过来,不算交通费,光国际长途电话费大概就超过你要买的东西的价格了!"

争取信息对称,不仅需要相当的能力和不菲的成本,过程本身也充满着信息不对称。比如为了信息对称,就需要收集信息或购买大量的数据。你要解决这些数据的合法性、真实性、可靠性等信息不对称问题。比如银行外包风险控制,在对科技公司的风控模型是否可靠的评判过程中,就有信息不对称的问题。

信息不对称是市场和人类社会的伴生物,是分工和交换的结果。信息不对称在理论上固然可以让市场参与者自己去解决,但大量问题还是需要依赖分工和市场来解决。所谓中介、中心,就是为有效解决信息不对称而产生并发展的。传统的集、市、墟、场等是中心,也是平台;律师、媒人、房屋中介、银行、交易所、商店等是中介。现在的各类平台、场景,依旧带有中介或中心的性质。所以,所谓的去中心化,实在是一个伪命题。可以说,去中心化的目的就是意图强化信息不对称,最后不仅平台自己成为中心,还要获取垄断利润。

让一位农民利用互联网自己解决育种、播种、耕作、收获、加工、包装、推广、销售,以及中间许许多多的渠道维护、网店管理、客户交流、资金流管理等流程,个别的靠一家人协作或许能做到,但不具备普遍意义。利用数字技术,更科学地耕种与收获,获取更多的如农产品期货价格一类的市场信息，更好地维护经销渠道，可能更具有普遍意义。

可以说，精细的分工能提高市场参与者自身和社会的效率，而有效分工的前提是有发达的中介。中介利用信息不对称获取利益，但中介也降低了市场参与者克服信息不对称的成本。然而，由于资本的趋利性，中介，包括所有市场参与者，都试图强化信息不对称，各种形式的垄断就是这样形成的。为了盈利，资本会利用一切手段，包括市场的和非市场的手段。利用数字平台等技术达到垄断目的，也是一种手段。这不是说垄断是由数字技术导致的，这是资本的本性决定的。古代的行会组织，就是一种垄断手段。亚当·斯密分析各类进出口限制、殖民地贸易专营等，认为这些都是企业家们为了达到垄断的目的而编造各种理由，鼓动议员们制定的政策。所以，需要好的制度设计和有效的监管，去抑制市场参与者的垄断倾向，发挥中介提升市场效率的作用。

由于以互联网技术为主的一系列数字技术的发展，数字经济已成为必然的趋势。数字经济条件下，人类绝大部分的信息都将以数字化的形态产生、流转，这些数据在不断产生、流转中与人类的生活、生产、交易等所有活动相互作用，促进人类社会的发展变化。在数字经济条件下，同样伴随着信息不对称，需要通过中介服务克服信息不对称，提高数字经济的运行效率。而且，数字技术和数字经济本身提供了解决信息不对称的技术条件。在传统条件下，中介越集中，规模越大，则效率越高。在数字技术条件下，更是如此。所谓万物互联，"互联"本身就是一个大平台、大中介。也因此，数字经济必然伴随着各类大平台的产生。

前阶段，个别平台企业出现了一些严重的垄断现象，但不能因此否定平台在数字经济发展中的作用。垄断，是资本无序扩张的结果，不是平台本身的属性。否定科技平台企业，就等于否定数字经济。在加强与数字经济相关的法制建设，提升监管能力的前提下，依然要鼓励和支持面向不同专业场景的各类大型平台企业的发展，鼓励平台之间有序、开放式的竞争。只有平台之间相互开放、相互竞争，才能真正打通信息孤岛，为所有市场参与者提供最优的信息不对称解决方案，造就富有生命力的数字经济。

就金融领域而言，或许需要创新建设以下类型的数字大平台：

**面向大量中小机构的公共科技服务平台** 数字科技的发展，为个人和机构的信息交往带来了极大的方便，从而使社会生活、经济往来、管理经营等产生巨大变化。理论上，互联网等数字科技可以使中小机构突破时间和物理的限制，取得突破性发展。但现实中，对于中小机构，比如中小银行而言，不实现数字化转型就无法生存，而要实现数字化转型，完全靠自身投入没有规模效益，也是无法持续的。数字经济要真正发展，就必须让众多中小机构在成本可承担的前提下实现数字化转型。这需要中小机构自身的努力，更需要借助市场和社会的力量，建立各类面向不同行业中小机构的公共科技服务平台。

**面向不同产业链的公共供应链金融平台** 现在大多数供应链金融平台，一般都是由一家金融机构或科技公司建立，而且以提供贷款为主，基本就是一个贷款平台。公共供应链金融平台，可以让各家金融机构在供应链上为各自的开户客户提供全方位的金融服务，而不仅仅是贷款服务。不同行业、不同产业，往往会有不同的交易规律和规则，可能需要量身定制的供应链金融平台。

**面向跨境产业链的专业跨境供应链金融平台**　跨境产业链、供应链，因为面对不同币种的结算、兑换，不同国家货币管制政策的差别，需要不同国家银行共同参与提供服务等。国外金融服务的内容和方式与国内金融有很大区别，需要有不同于国内供应链金融的专业平台。

**应收款社会化净额清算平台**　当前许多企业有流动性紧绷现象，一般将其归结为"融资难"。事实上，更根本的问题是企业的资产负债管理能力不足。大企业在高杠杆基础上无序扩张，除了大量金融债务，还有大量应付款债务和应收款资产；中小企业则是被大企业大机构拖欠的大量超长账期应收款所困扰。对于这样的不良市场现象，一方面需要立法规范企业间准时支付行为；另一方面需要创新应收应付款的结算方式，变企业间私下行为为公共行为，让应收应付款的结算智能合约化和阳光化，约束企业在交易支付上的无赖行为，加快社会资金流通速度，降低企业杠杆率和融资成本。

**各类金融产品交易平台**　随着多层次资本市场建设、金融高质量对外开放、数字经济和绿色经济的发展，会有更多金融产品进入市场，需要更加专业、高效的交易平台；同时，随着共同富裕的逐步推进，财富管理平民化，不同类型的投资者也需要通过友好、方便的平台进行投资交易。

**新型跨境清算平台**　由于数字经济的快速发展，国际化浪潮有了新的变化，特别是新冠疫情对国际产业链的冲击，现有国际跨境支付清算体系的不适应性逐步显现，不同国家的机构都在探索新的跨境支付清算模式。中国也应该顺应趋势，发挥自身在金融科技创新方面的优势，联合不同国家相关机构，多模式探索跨境清算平台。

**各类包含全流程金融服务的物联网平台** 物联网是把所有物品通过信息传感设备与互联网连接起来，进行信息交换，以实现从设计、生产、物流、交易、应用、服务全流程的智能化识别和管理。实现这样的万物互联，没有金融服务的全流程参与，物联网是不完整的，也不可能实现对"万物"的管理、控制、经营一体化。所以，金融平台的建设应当融入各类物联网建设中。

信息不对称是市场经济的天然伴生物，可以克服，但不可能消除。对于数字经济发展而言，克服信息不对称、提高数字经济效率，各类大型科技平台是不可或缺的。因此，通过完善法律法规、提升监管效能，在防止资本无序扩张和平台垄断的前提下，还是要继续大力支持平台企业的发展，建立更多服务于各个领域的大型平台。

# 科技平台与人类社会的和谐相处

千百年来,人类都会追问一些永恒不变的问题。比如,人类与地球上其他物种的区别是什么?说是追问,实际上是自问自答,因为没有其他物种会来回答诸如此类的问题。说是自问自答,实际上算是人类自己给自己脸上贴金而已。比如,人是有感情的生物、人是社会性动物、人是有思想的物种、人类有爱,等等。

2021年,云南昆明15头大象的迁徙行动引起了全球各地的关注。大象昼伏夜出,出行有队形,有开道的、有殿后的;睡觉休息也有队形,并且有站岗放哨的;它们互相嬉戏打闹,一言不合,还会分道扬镳。从种种迹象推断,它们也有语言、有感情、有分工,应该也是有思想的,它们也是社会性动物。

如此看来,人类与其他物种之间真正的差别就在于人类掌握了语言文字和科学技术。语言文字和科学技术又是相互关联的。科学推动了人类社会的发展,使人类摆脱了完全依赖自然供给的生活状态。人类生活的物质供应越来越丰富,寿命不断延长。正因为如此,人类崇拜科学,认为科学会给人带来财富,带来进步,带来幸福。

千百年来,科学技术不断发展,人类生活不断演进,但人类依然要面对生老病死，人类社会依然面临着不平等的现象，依然为争夺资源而发动战争。科学技术解决了人类许多的生存问题，但并不能解决人类的这些社会生存问题，有时甚至强化了人类的这类问题。

曾经，人们认为，随着科学技术的发展，人类会从繁重的体力劳动、简单乏味的重复劳动中解脱出来，进入一个更加公平、和谐的社会。然而，这样美好的社会从来没有达到过。自从工业社会以来，繁重的体力劳动、简单乏味的重复劳动，在技术进步中只是转换了形态而已。对繁重的体力劳动、简单乏味的重复劳动的挤压，在资本和技术的作用下，变得更加精准和残酷。

工业化时代来临，机器代替人的同时，人类也发明了泰勒制。科学的机器设备和科学的生产管理制度，造成的是疲惫的工人和紧张的劳资关系。

互联网、大数据、云计算、人工智能，出发点都是造福人类。但是资本的逻辑很清楚，即减少人工，降低人工成本。更加精准科学的管理，带来的是"996工作制"和被算法牢笼控制的员工、快递小哥和客户。

前段时间我在苏州，与一位制作苏州菜和糕点的非遗传承人聊天，知道了许多著名美食的缘起是做主菜剩下的许多边角料食材，浪费可惜，于是切碎做成了小糕点。本意是废物利用，降低成本，却意外成就了著名小吃，增加了收入。在香港时，我了解到一些超市和商场都与慈善机构等有合作，每天结业时，把即将过期的生鲜食品赠送给这些机构，避免浪费。因为按商场规定，这些食品第二天是不能再上架的,所以当天必须处理掉。当然,在平时的运营中,商场会持续总结销售规律,科学进货和调拨,尽可能减少当天要处理的商品数量,以降低成本。但是,现在有大数据、云计算、人工智能等科技公司,并不研究相关商品的销售规律,而注重科学、精准地计算进货量和进货节奏,剩余的即将过期的商品只能白白扔掉。同时为了客户流量,还必须降低销售价格。于是,控制成本的唯一方法,就只有压低上游供货商的价格,使得上游供货商,甚至种养殖业农民的生存空间越来越狭窄。同样是为了流量,一些科技公司高估值上市,不顾金融的风险规律,向低收入人群过度借贷,造成严重的社会问题。不得不说,这是一种竭泽而渔的商业模式。

曾经,我们认为随着互联网的发展,数据会更加开放,信息会更加透明,销售者可以更方便地找到需求者,消费者可以更容易地找到所需商品,投资人可以撇开中介直接找到合适的投资项目且能精准地评估风险。因此,我们敦促社会各方开放数据,打破信息孤岛,结果却导致了严重的信息和数据垄断。并且,数据还成了数据垄断者垄断经营、向数据使用者索取收益的工具。

曾经,我们认为随着互联网的发展,信息会更加公开,信息传递会更加快速与广泛,人们获取信息的渠道也会更丰富、方便,将促进人们开放思维、独立思考。却没想到,互联网是个泥沙俱下的深坑,充斥着各种虚假信息和垃圾信息。更由于各种人工智能算法,更加固化了人们获取信息的渠道,为每一个人都筑起了思想的围墙。人工智能、客户画像等,初始是为了商品的精准营销,但在互联网上，任何事物一旦有了商品属性和营销属性，思想的营销、观念的营销将比商品的营销更能成为互联网上的主流。当一个人接受了一种观念，算法会自动不断地发送同类观念的信息，并且观念不断地极端化和低俗化，人们的思想于是也变得更封闭、更极端，为社会带来看不见的动荡隐患。部分人的过度消费、过度借贷，就是这类观念灌输在经济领域的一个恶劣结果。

因为互联网的发展，因为数字经济的未来，"数据"突然成了被广泛运用的名词，有所谓"得数据者得天下"，在这之前是"得渠道者得天下""得流量者得天下"。也因此，数据便成了"资产"。然而，数据和科技一样，作为资产的数据是有两面性的。好处不用多说，专业人士有大量论述；恶的方面，是目前有很多疯狂攫取数据和滥用数据的主体。现在，人们都开始关注个人隐私和个人数据权利，以至于发展出了数据主权。但是，我觉得数据概念的泛化与混乱，其危害可能与其作用一样，远远超出我们的想象。

前两年，有几位做智慧管理的朋友跟我讲大数据的神奇作用，并吹嘘他们已经拥有了多少数据。我说："作为一个管理者，我完全清楚掌握足够信息的重要性，也完全清楚打通各类信息隔离的协同效应。但是，作为一个银行管理者，一个做国际业务的人，尤其是一个在境外工作过的人，我更清楚应该采集什么信息。确保信息的安全性比掌握足够信息和打通信息隔离更重要。不该你拥有的信息，就不应该抓取，更不应该用到不该用的地方。"

人类已经意识到需要与大自然和谐相处。同样，我觉得科技更需要与人类和谐相处，科技平台公司也要与社会和谐相处。

科学技术是中性的，并没有善恶之分。为善还是为恶，是人的因素；资本是逐利的，逐利的结果是善是恶，同样是人的因素。要让科学技术与人类和谐相处，让科技平台公司与社会和谐相处，不可能只靠资本背后的人进行自我道德约束，还需要公共制度和机制的约束。

科技平台公司之所以能发挥作用，正在于大数据的有效运用。因此，要创造一个大型科技平台公司与社会和谐相处的环境，先要理顺大数据的一些问题。

首先，需要更清晰地定义"数据"概念。目前，"数据"的概念包含了非常庞杂的内容，有时还会与传统的"信息""资料""情报"混淆。当然，在大数据技术面前，没有什么是不可以成为"数据"的。但是，经过大数据技术采集、处理之前的"数据"与经过大数据技术采集、处理后输出的可以作为资产的"数据"究竟有没有区别？区别在哪里？经过大数据技术采集、处理之前的"数据"是不是资产，是否可以交易？这个分别，我认为是非常重要的。这也是确认原始数据所有权、使用权及今后数据收益分享的前提。许多人强调，大部分数据都是人们在交易、生活等行动中产生的，本来就无所谓归谁所有，这些数据科技公司不采集，就不成其为数据。但另一方面，许多人又大声疾呼打通信息孤岛，实现信息共享，其目标不是这些行为数据，正是那些原始档案信息及个人、机构的身份等各类相关信息。不能不说，这是两类完全不同性质的数据或信息。可能分别来讨论两类数据，才能分清有关数据的一些法律边界等。

其次，需要分清可共享数据和不可共享数据。可共享数据需要确定相应的共享范围和期限。同时，出台的新的法律法规对数据分级分类来说，是非常必要的。目前，不仅"数据"这个概念泛化，"信息共享"也是一个非常泛化的概念。同样的信息，或者数据，对不同的人、不同的机构，其意义、性质和作用是不同的。"共享"也不是一个绝对的概念，不是任何数据都可以全社会共享。不同的数据需要有不同的共享范围和期限，不是所有数据都可以提供给市场交易。实际上，许多科技平台公司，以"共享"的名义攫取数据后，却垄断数据，不仅不与社会共享，甚至也不与原提供数据的个人和机构共享。

再次，审慎对待数据资产和数据资产交易，区分数据服务和数据买卖。"数据是资产"，这同样是一个泛化的概念，因为这个概念，许多科技企业不择手段地去攫取、倒卖各种信息。以前，信息服务、咨询服务，甚至情报服务，都有一定的市场，但整体规模不大。今后数字经济、数字社会条件下，数据服务业应该会有非常大的市场空间。但是，数据服务与数据交易是否等同，恐怕需要进一步探讨和厘清。在厘清数据服务和数据交易的基础上，还需要厘清什么样的数据才可以作为资产。上文讲的要清晰定义"数据"，分级分类，区分可共享与不可共享数据，其实最终都与哪些数据可以作为资产进行交易有关。必须明确的是，可共享的数据是不可以交易的。比如，人民银行征信系统，银行将相关的信贷风险数据发送到人民银行征信系统，供参与银行在业务范围内共享。这样的数据，人民银行是不能作为资产出售的，共享这些数据的银行也不能将这些数据据为己有并转卖获利。以前,一些地方发展数据交易中心等,之所以没有成气候,就是还没有搞清楚什么样的数据才可以作为资产进行交易。

最后,需要确定数据资产的会计处理办法。数据如果可以作为资产,就存在会计记账和核算问题。现在会计科目中一般有资料费、咨询费等管理费用开支。数据资产属性如何认定?数字资产肯定不是固定资产,也不是库存材料,也与低值易耗品不同。数据作为资产的价值如何确定?应该采用折旧还是摊销的会计处理?是否按公允价值计算现值?如何记账背后的问题是,数据资产的市场价格是不是波动的?价格没有波动,市场交易就活跃不起来。数据资产的质量如何认定?数据资产如果像现在这样有黑箱或盲盒,就无法确认质量和评估价格,市场也不可能活跃起来,只能变成如同赌石一类的另类市场。真是这样的话,数据资产对数字经济的促进作用就很难正常发挥。还有,数据资产如何保存和使用?作为资产,是否可以出借或转让?如果可以出借,最初的买入还有意义吗?如果可以转让,接受方如何认定转让数据的价值?这里牵涉到数据未被使用而出借或转让,或已被使用并留有备份后被出借和转让等情况。一项已经转让的资产,购入者拥有所有权和使用权是必然的,但出让者与购入者同时拥有所有权和使用权,并且两者都可以继续在拥有所有权和使用权的同时出售该资产,则是一个全新的课题。数据无限制地出借或转让,对于最初的数据资产生产商又意味着什么?如果真是这样,我认为这个市场是不可持续的。因此,对于开放数据交易来说,建设数据交易市场,恐怕需要制度先行,而不能贸然开放。

在理清楚大数据问题的基础上,需要进一步探讨科技平台公司与社会和谐相处的制度设计。

第一,科学地看待科技平台公司的垄断。应该看到,同类业务在科技平台的集中,正是数字科技发挥协同效应的体现。万物互联条件下,今后一定是相关行业或产业产供销各个环节的参与者都在同一个物联网平台上。这样,物联网才能真正发挥作用。目前已经出现的科技平台公司,应该说还只是初级形态的平台。今后还会出现不同领域形形色色的平台。由此看来,一方面要鼓励平台竞争,但又不能以市场集中度定性垄断。我们还是要从科技的两面性着手,平台的市场集中度不是必然负面的,真正的问题是平台实现市场集中的手段。以电信为例,电信公司是人们电信沟通的平台。要实现沟通,交流双方就必须能接通信号,所以,人们一定会集中到互相能接通信号的平台上。如果电信公司的电信通道不能互相接通,人们最后一定会集中到一到两家电信公司。如果以市场集中度把这一到两家公司定性为垄断,要求分拆,过一段时间,人们又会自然而然地集中到另外的一两家公司。现在,电信公司之间的信号通道互相打通,用户可以带号转投,电信公司之间就有了竞争。但总体上,人们习惯相对集中的沟通平台。第三方支付平台、电商平台等各类平台,也是同样道理。近期出台的办法,禁止平台公司采取"二选一"等手段垄断经营是非常正确的。

第二,科技平台公司职能要单一化。科技平台公司真正的垄断问题是利用平台垄断客户、垄断平台上的相关业务。比如,电商平台公司利用平台资源经营各类金融业务等。有记者曾问，平台公司在联合贷款中收取引流费是否增加了实体经济的融资成本。我回答说："第一，从这些年的实际情况来看，所有互联网金融平台发放的贷款，利率都比银行高。技术并没有解决贷款贵的问题，反而让贷款更贵了。第二，助贷、引流等，实际上是增加了中间环节，当然就增加了中间环节的盘剥。"据说平台方听了后都觉得很委屈。但是他们真的委屈吗？我看未必。电商平台，就相当于线上的义乌小商品市场，里面的商户只有在经营商品交易的时候才算是平台的客户。当他们办理其他非商品交易业务的时候，他们就不算平台的客户。就好比义乌小商品市场的商户，当他们在摊位上销售商品的时候，他们就是义乌小商品市场的租户；当他们进货需要贷款和支付的时候，人虽然还在摊位上，但却是银行的客户。希望给商户减少中间环节的互联网平台自己却横插一杠，变成了中间环节，实在是一个悖论。在数字经济中，各类数字平台既是商业机构，同时也具备公共品的属性。因为有公共品的属性，为了保持公信力，其职能必须单一化。为此，互联网科技公司的平台服务业务必须与其他业务严格隔离，其他业务只能以同样的条件在平台上与其他参与者公平竞争。

第三，数据采集、治理、服务、出售持牌制。数据的产生与运用，大致可分为采集、治理、服务和交易这四个环节。由于数据的特殊性，可能需要对这四个环节分别考察和监管。

就采集数据而言，目前亟须规范数据采集资格和权限。现在，各种机构、场景、App都随时随地在采集数据，尤其是个人身份信息等,被采集者根本不知道采集者是谁,为什么采集。采集个人身份信息等,按规定都需要实名制,需要采集者的姓名、身份证号码、电话号码或进行人脸识别等,有的甚至还要求与银行卡绑定。当客户银行卡发生盗刷或资金损失,银行认为是客户没有保管好自己的相关信息,但在到处采集个人信息、交易个人信息的环境下,客户确实不知道该如何保管好自己的信息,更不知道自己的信息会被什么人、什么机构所掌握。所以,银行卡资金损失,客户会觉得很无助。但如果法院让银行承担资金损失的责任,无论是法理还是事实,都是说不通的。所以,采集数据必须有明确的规则。比如采集某种类型的数据必须持牌,无资格者不得采集特定的数据。根据机构不同的经营目的,必须明确不同的数据采集范围。对一些场合必须确认真实身份信息等,可以考虑集中认证机制。比如公园门票,客户只要刷一下身份证或输入手机号等,系统自动到公安系统确认身份即可,公园本身不得采集、保存、应用、转卖相关数据。

就数据治理而言,毫无疑问,也需要持牌经营,对不同机构可以核准不同的数据内容。

就数据服务而言,对数据内容、数据服务形式、服务对象等,可能需要有明确规定。比如征信公司,就是为金融机构、贷款机构提供客户征信服务。今后工业物联网平台,其数据服务对象,可能只能是同一个平台上的相关企业,不能超出这个范围。

就数据资产交易而言,至少出售必须是持牌经营。购买方是否需要持牌,则需要进一步探讨。这里的关键还是前文说到的,什么样的数据可以成为资产,可以上市交易。

这里之所以把四个环节分别分析，是因为一般来说，一个科技平台公司不会只经营其中的一个环节，但这四个环节可以有不同的组合。我认为，不能允许一个科技平台公司同时拥有四个环节的业务，特别是同时拥有数据服务业务和数据交易业务。比如征信业务，就只能是为特定客户提供数据服务，其所拥有的数据不得上市交易。前文讲到的共享数据，就只能用于数据服务，绝对不允许作为数据资产出售获利。有些企业采集数据，是为了自身产品研发、改善营销等。比如汽车制造企业采集行车数据，目的是用于汽车技术的研发。首先需要规定这类数据的范围，比如行车数据、路况数据等，但与提供导航服务的企业不同，汽车制造企业并不需要定位数据；其次，数据只能用于自身研发，不得对外提供数据服务和出售相关数据，这样的企业，就只能拥有采集数据和治理数据的牌照。

第四，建立专业的科技平台公司及数据行业监管体系。这方面相关的法律法规正在不断发布，更有许多深入的研究。本文不做赘述，只谈几点建议：一是，鉴于数字经济的发展，各类科技平台公司和数据行业未来会有很大的发展空间，这两个行业与传统行业有着很大的区别，又都具有公共品属性，风险影响很大，可能需要设立专门的部门进行专业监管。二是，为了监管的专业性、公开性和有效性，需要引入如会计师事务所之类的第三方机构，依据监管要求，对科技平台公司和数据行业的业务、科技、算法模型等进行审计。三是，数据资产交易，需要考虑场内交易和场外交易的规则和程序。监管，包括市场规则等，必须统一规制，不能各部门都建一套各自系统的市场规则，最后形成监管套利的混乱局面。

　　第五，各类科技平台必须开放。要建设科技平台与社会和谐相处的环境，消除垄断和赢者通吃现象，必须从制度上要求平台公平开放，让平台本身成为一个充分竞争的环境。以电商平台为例，一方面平台的职能或功能需要单一化，就是提供一个有利于商品交易的高效率平台，真的让天下做生意的人没有不好做的生意。另一方面，为了让平台上的人们好做生意，应该允许各类支付手段在平台上提供服务，充分竞争；让各类金融机构进入平台，直接面对平台上的各类客户提供金融服务，充分竞争。其他行业也是如此。如果电商平台公司自己也要开展这些业务，可以设立专业公司，获得相应牌照，并与平台本身的业务严格隔离，与其他同业在平台上公平竞争。许多大型商场都有银行网点进驻，银行只向商场业主支付租金，商场业主并不过问商场里的商家与顾客在银行网点办理的业务，更遑论代替银行确定贷款利率和收取引流费。地铁站里银行布设的ATM机同样如此。但如果银行需要平台提供相关的有偿数据服务，那么平台提供的数据，客户不应该是打了马赛克的，数据的质量是可以鉴别的。平台提供的只是数据服务，客户还是必须与银行直接洽谈相关业务和价格。

　　放眼人类历史，科技一直在造福人类。数字科技以及因数字科技兴起的科技平台公司，也一定会造福人类。但历史也告诉我们，每当有重大科技产生，都会带来人类社会的重大转型。转型本身就是人类社会的发展与进步，但转型过程并不总是为当时的人类带来幸福，科技在转型中也并不总是带给人类平等与快乐，更多的是动荡、不平等，甚至战争。如何让科技、大型平台公司在转型过程中与社会和谐相处，减少转型期的社会摩擦强度，是当前这百年未有之大变局中人类所面临的重大课题。

# 智能合约与数字货币和数字账户

据报道，2021年12月，中国农业银行深圳分行联合华为公司，完成了业内首个数字人民币云侧智能合约应用场景落地。场景是深圳住建局主导的租赁资金监管。当租客通过智慧租赁平台选房、签约，并支付押金和租金后，资金会到达租赁企业的数字人民币账户，同时生成智能合约，将资金绑定。智能引擎会在租金支付日自动释放当月租金，并于租约到期后自动将数字人民币押金退还给租客。

货币支付的作用，是帮助人类顺利地完成各种交易，支付本身不是目的。人类的交易各种各样，并不是所有的交易都需要货币作为支付媒介。正因为有各种各样的交易，支付的形式也各有不同。点对点支付是最直观的一种方式，却不是唯一的，对所有交易而言，也不都是最佳的选择。尤其是在通信技术、数字技术越来越发达的情况下，必须点对点支付的场景越来越少。对于不同交易，支付环节本身的快与慢，重要程度也是不同的。租房租金支付，就是非常典型的一个案例。由此可见，如果将点对点支付作为数字货币研发的一个着力点，很可能是捡了芝麻，丢了西瓜。

这次中国农业银行深圳分行和华为公司利用数字人民币可编程

的特性，将租房中的一系列约定形成智能合约，让货币自动执行合约要求的支付行为，可以说是一个颠覆式创新。

以往，都是租客与业主或中介签订租约后，支付押金和租金，支付方式主要有下面五种：

第一种是现金支付。可能出现的问题有，租客拖欠租金，或不能按时缴纳租金；业主提前收房，却不能退还押金；租客提前退租或租约到期，业主不肯退还押金等。

第二种是支票支付。可能出现的问题是空头支票；同样，现金支付会产生的各种问题，支票支付也会产生。

第三种是通过银行转账。同样可能因为租客的疏忽等原因，不能按时转账。当然，跑银行也是一件很麻烦的事。

第四种是委托银行定时支付。这种方式的关键是，支付日银行账户里必须有足够的金额。

第五种是在网银上设定定时自动转账支付。这种情况下，同样需要在支付日备足支付金额。

所有这些方法，都不能制约业主在租约结束时退还押金。

以上这些方法，不是需要人工操作，就是需要银行程序操作，货币是被操作的对象。现在利用智能合约，由货币自己操作，完全改变了租金的运行逻辑，创新的尺度非常大。

前文说，商业社会许多支付最终的完成，并不需要点对点支付，原因在于许多交换都会基于约定而形成一个支付过程，不是单纯的"一手交货，一手交钱"。股票的买卖，需要股票权属的登记转移和资金的交割；购买商品房，有首付款、预付款、房子的到期交付、房屋和土地产权的确认等；一项工程签约后，根据工程的不同有多次付款；一场旷日持久的诉讼，律师费的支付也需要有不同的约定。传统的支付，无论是现钞、支票、信用卡、银行转账，都有许多复杂的环节，更有收付双方违约的风险。智能合约技术正可以在这方面大展拳脚。利用数字货币可编程的特性，由货币来执行合约，改变的不仅是支付方式，更可能因为合约执行方式的变化，全面改变各种基于智能合约下的交易模式。真能如此，数字货币在批发领域的应用前景就相当光明了。

如果让数字货币经编程后执行支付合约，理论上就意味着特定的数字货币被植入了智能合约指令，从合约绑定之时起，直到完成合约规定的支付止，这部分数字货币将不能被用于其他支付和流通。形象地说，假如某企业有编号000001到100000，面额100元的纸币，其中编号000001到050000被规定只能在一年后支付某设备的款项。那么，这特定的50000张纸币就只能锁在保险柜中一年。但实际上，一年后该企业还要为另一台设备支付500万元。在这一年中，企业可以将编号050001到100000的纸币存到银行账户中获取利息，也可以支付员工的工资、采购原材料等，一年后出售产品收回600万货款，足够支付另一台设备款。也就是说，在这一年中编号000001到050000的纸币没有参与流通，也没有产生收益；编号050001到100000的纸币一直在流通，完成了许多支付，让不同的持有人获得了收益。届时，企业用编号000001到050000的纸币支付一台设备的款项，用银行存款或其他编号的纸币支付另一台设备的款项。

银行经营存款、贷款和汇款业务,触及到了货币的四大职能。不仅如此,因为银行账户体系以及存款和贷款业务,银行还具备了信用创造或货币创造的能力,于是有了信用货币或记账货币,有了M1(狭义货币供应量)和M2(广义货币供应量)。

当一个人或一个企业,将一堆钱存放在自己的保险箱里,这是在完成货币的价值储藏职能。这时,这部分货币就退出了流通领域,进入睡眠状态,是所谓的"窖藏货币"。社会上"窖藏货币"过多,就会引起通货紧缩,货币流通不畅,进而发生经济危机,社会动荡。

当个人或企业将作为价值储藏的货币存入银行账户,银行账户上的阿拉伯数字确保着客户价值的安全性。另外,现代银行还对存款给付利息,使得货币在价值储藏的同时,还实现了一定的增值,即客户在完成价值储藏的同时还完成了投资。值得注意的是,这部分执行价值储藏功能的货币并没有退出流通,银行通过贷款,会让它们重新进入流通领域。不断地存款,不断地贷款,再加上可以作为支付工具的支票、汇票、信用卡等,使初始货币出现了无数分身。

因为银行强大的存、贷、汇功能,使得银行账户成为社会货币流通和货币支付的中心。也因此,银行账户承担起许多合约的执行功能,存管、托管、监督支付、受托支付、代理缴费、代理扣费等。

回头再看新闻报道:"当承租方(租客)通过智慧租赁平台选房、签约,并支付押金和租金后,资金会到达租赁企业(房东)的数字人民币账户，同时生成智能合约，将资金绑定。智能引擎会在租金支付日自动释放当月租金，并于租约到期后自动将数字人民币押金退还给承租方。"这里有几个疑问：

首先，什么是"数字人民币账户"？按照目前央行有关数字人民币的描述，企业应该有自己的数字钱包（或数字钱柜）。企业收取数字人民币，数字钱包既是收取数字人民币的手段，也是存储数字人民币的容器。是否可以认为它是企业在银行的账户？如果是企业存款账户，那就没了有数字人民币账户与非数字人民币账户之分。因为数字人民币与纸币、硬币和记账货币是同一的，都是人民币，只是人民币不同的表现形态。所以，客户到银行存款，无论是纸币、数字人民币还是转账，都是人民币存款，都是存款账户中的一串阿拉伯数字，不会分数字人民币存款、纸币人民币存款和记账人民币存款。如果不是存款，只是企业将数字人民币寄存在银行，那是多此一举，因为这相当于是把数字钱包寄存在银行，从技术上讲，安全性是一样的。

其次，绑定的资金意味着租赁企业在资金绑定期间不能动用这笔资金。因为数字钱包中的数字货币不是存款，一旦绑定，也就等于退出了流通。这对企业而言，是受到了合理的约束。本来企业可以利用这部分资金增加流动性，甚至扩大再生产或增加投资，获取额外的收益。现在不能动用，虽然失去了获取额外收益的机会，但也避免了届时违约的风险，是合理的。但对社会则不同。如果此类操作是少数特定业务，资金总量不大，则对整个社会的货币流通影响有限，如果今后大量契约都用绑定数字人民币的方法执行，则会极大地影响货币流通。一是会影响央行对流通中货币的管理方式；二是会影响央行基础货币的发行方式；三是会影响央行的货币政策。

再次，租客在签订租约后依据合同支付押金是应该的，但凭什么要预付租金到租赁企业的账户中？租客支付押金是入住的前提，这样的安排无损于租客，也无损于租赁企业。租约到期后自动将租金退给租客，保护了租客的利益，同样无损于租赁企业。租金则不同，租金一般都是按月支付，租客大多数是靠当月的收入支付租金，没有能力也没有必要将租金提前预付给租赁企业。更何况，租客即使有这样的能力，提前支付也损失了这部分资金的机会效益，比如存款利息。这个安排确保了租赁企业按时收取租金的利益，但却损害了租客的利益。如果没有租客预付租金，则智能合约到期释放租金的功能就没有发挥作用的机会了。

以上只是依据新闻报道而做的分析，也许实际情况并非如此。但至少说明，智能合约技术这样的应用探索是非常必要的，也是具有推广意义的。

第一，除了零售消费和个人服务消费，大多数交易都是合约下的交易，相应的货币支付清算也是依据合约进行的。由于交易合约的复杂性，导致支付清算给人效率低下、手续繁复的印象。如果能在整个领域广泛应用智能合约技术，将大大提高货币支付清算效率，并提高交易的效率。

第二，智能合约技术是通过数字货币实现，还是通过账户实现，还值得探索。不能单纯从技术角度看问题，更要从货币流通、货币发行的特点看问题。我的看法是，不排斥通过数字货币执行合约的方式，但应该限制在一些特定领域，不宜广泛推行，要确保数字货币交易锁定的资金量不会对央行货币发行和货币政策产生大的影响。应该广泛推行在银行账户领域应用智能合约，这既能达到应用智能合约提高支付清算效率的目的，又能确保央行发行基础货币的流通效率，节约社会成本。

第三，智能合约技术是不是只能用于数字货币一类技术系统上？如果是，则是否需要把现有的银行电子账户体系改造成数字技术的账户体系？这个工程和成本都将是巨大的，需要进行成本核算，研究可行性和必要性。如果近期不具有可行性，则需要技术满足业务需求，研究智能合约技术在现有银行账户体系应用的路径。

第四，应用智能合约技术，要有助于满足交易双方执行合约的需求，保护双方在合约下的正当权益，而不应削足适履，让交易双方迁就智能合约技术的需求。这应该是应用所有数字技术的基本原则。

# 人类的未来不是元宇宙，元宇宙的未来会是什么

"伦敦的居民早上可以在床上一边喝早茶，一边通过电话订购全球各地的各种商品，数量多少只要他认为合适即可，（下单后）货物会以最快的速度送货上门。同时，他可以用同样的方式，将他的财富投资于世界各地的自然资源和新企业，毫不费力、毫无负担地获得预期的收益。或者，他可以因为一时兴起或基于任何推荐的信息，决定将自己的财产托付给任何一个大洲上的市政当局，将自己的财产安全与当地市民信誉结合起来。只要他愿意，他无须办理护照或其他手续，就可以立即乘坐廉价而舒适的交通工具，去任何国家或地区。他可以派他的仆人到附近的银行非常便利地提取贵金属，然后他就可以带着他创造出来的财富到国外去，即便不了解当地的宗教、语言和风俗也没关系。"这是凯恩斯在他的《和约的经济后果》中的一段话，熟悉吗？是不是与20年前互联网兴起时描写的未来差不多？是不是与我们今天的生活差不多，甚至也可以作为对未来的想象？可凯恩斯描写的是当时——公元1914年的情况：

"1914年8月以前的那段时期是人类经济发展过程中的一个多

么不寻常的时代!

"大多数人们工作努力,虽然事实上大家的生活水平并不高,但从表面看,大家还是对当下的生活相当满意。

"但对于任何一个在能力、性格方面有卓越表现的人而言,脱离当前的处境进入中上层阶级也是可能的。对于他们而言,生活成本极低且无琐事烦扰,方便、舒适和便利程度超过了过去任何一个时代最富有和强大的君主。"

然而,1919年的凯恩斯实际上是在分析1914年危机的到来及"一战"以后的发展趋势。那年——1914年7月28日,第一次世界大战爆发。

"科学消除了距离,"梅尔基亚德斯说,"用不了多久,人们不出家门就能看到世界上任何地方发生的事情。"这是马尔克斯《百年孤独》中的一个情节,流动商人梅尔基亚德斯正在向闭塞的南美洲殖民者后裔兜售望远镜。这话与前些年互联网、区块链大佬们兜售金融科技、区块链时激动人心的话语何其相似。

人类作为有思想的动物,同时也是爱幻想的动物,人类幻想未来,更幻想有另一个美好的世界——彼岸、天堂、极乐世界。过去的人们希望自己能全身心地进入虚幻世界,于是他们修炼自己,期待有一天能御风而行,羽化而登仙。现在的人们有了更强大的科技能力,想象力也更丰富了,但却退而求其次,用科技创造出一个平行宇宙,让肉身留在现实世界,通过一副VR眼镜,让视觉和意识进入虚拟世界。这就是元宇宙。2021年年初热炒的"虚拟经济",到下半年突然变成了"元宇宙",不明所以的人们还以为又出了一个新"物种"。这个现象本身已经很"元宇宙"了。

人类对于未来,对于彼岸世界的想象,都是现实世界的镜像,因此,想象都具有相似性。希腊的神话世界与人间一样吵闹,嫉妒、偷窃、欺骗、残杀,还有财富与情爱,一样不少。孙悟空大闹的天宫,同样如此。目前各类大咖关于元宇宙的想象,也都是现实世界有的一切在元宇宙都有。当然,许多大佬还会加上一句:现实世界没有的,元宇宙也有。我想,可以肯定的是:即使是现实世界没有的,在虚拟世界里也绝不会超出人类的想象。

不过,元宇宙与古人的想象相比,有两个进步:一是,人真的能够感知元宇宙中的虚拟世界,而不仅仅是想象;二是,可以在虚拟世界中创造和实现经济利益,甚至虚拟的经济利益还能与现实世界的真实货币相互转化。说白了,元宇宙就是用技术创造的一个虚拟世界,一个能让人真实感知的、不超出人的想象的、真实世界的镜像世界。元宇宙能否达到这样的境界?目前看来,故事很丰满,而技术本身还属于想象或初阶水平。

能够掌握并运用科学技术,也是人类区别于其他动物的一个特点。因为思想和科学,人类发现了许多隐藏于自然背后的规律和真理,创造出了许多自然界不存在的事物。也就是说,科学让人类真的可以无中生有。

科学技术造福于人类,让这个地球可以生存如此多的人类,人类寿命也得以不断延长。可是,让人悲哀的是,科学技术从来没有创造出更好的人类社会,人类社会依然充满着严重的不平等和贫富差距,科学技术也无法解决具体个人的社会生存困境。人类社会自有科学与文化以来，就有庞大的底层弱势群体。虽然人类拥有的物质财富越来越多，但底层群体的生活与生存依然非常窘迫，只是不同时期，底层群体的生活方式和从事的职业有所不同。历史上由于科学技术的发展，生产方式发生了改变，从而促进了社会制度的改变，新的社会制度可能解放了旧体制下的底层阶级，但也催生了新的底层阶级。同样的，个人在社会中遇到的各种生存挫折与困境，除了个人自身的努力奋斗与机遇外，科学技术本身是帮不上忙的。更何况，人类还面临着生老病死等各种烦恼。

科学技术或许可以创造一个元宇宙，甚至多个元宇宙，有如那三千大千世界，但却都是逃避现实世界的虚拟世界，并且，现实世界该有的一切，都会镜像到那三千大千世界。

古人是修炼自己，包括肉身和灵魂，以求往生极乐世界。最不济，是把灵魂修炼得纯净，从而脱离肉身，得道升天。现在有了科技的加持和赋能，不需要修炼肉身和灵魂，灵魂也不需要脱离肉身，每个人只要戴上VR眼镜，视觉和意识就能进入元宇宙的虚拟世界。佛教有"方便法门"，方便凡夫俗子念佛成佛。科技"无法无天"，当然没有"法门"，人们无须修炼即可自由出入虚拟世界。元宇宙真可说是"方便之门"了。只是，亿万不净的灵魂进入这个浑茫的元宇宙，那会是一个美好的社会吗？人世间的一切尔虞我诈、巧取豪夺都存在于元宇宙，那还是个逃避现实世界的好去处吗？

当你的视觉和意识漫游在茫茫元宇宙里，"方便之门"外的肉身需要为视觉和意识提供多少营养和能量？如果你摘下VR眼镜，去现实世界吃喝拉撒睡的时候,你是否还存在于元宇宙之中?如果不存在,你在元宇宙中所创造的一切是否会灭失?你在元宇宙中正谈的情和结的仇,是突然中断了,还是在等待你的重新到来?在你暂时离开元宇宙期间,你的情人和仇人将如何自处?如果你摘下VR眼镜去吃喝拉撒睡,却依然在元宇宙中继续存在,那么元宇宙中的你在干什么?是什么力量和意志在没有你的情况下依然主导着元宇宙中你的一切活动和意识?当你再次戴上VR眼镜,元宇宙中的你还是你吗?当下进入的你和已经存续在元宇宙中的你可以无缝重合吗?新进入的你和存续在元宇宙的你可以相互对话吗?戴上VR眼镜进入元宇宙的你知道你在现实世界吃喝拉撒睡时依然在元宇宙中的你干了什么事吗?也可能,你在现实世界吃喝拉撒睡的时候,元宇宙中的你是一具灵魂出窍的虚拟肉身。元宇宙中一具没有灵魂的虚拟肉身会被其他元宇宙中的人们如何处置?鲁迅先生有一篇文章,梦到自己死去,躺在路边,梦中死去的自己看着人们围绕着这具尸体,议论纷纷。元宇宙中的人们也差不多会这样围绕着你在元宇宙中灵魂出窍的虚拟肉身吧?

现实中你想实现的梦想由于种种原因不能实现,你可以在元宇宙中实现。比如,今天因为一件事,你心中窝火,却不便发泄,那么可以在元宇宙中尽情发泄,而不必担心会得罪任何人。你想创新创业,但在现实中有种种条件限制,你就可以在元宇宙中去创新创业,并且享受创新创业的成果,而没有现实中的各种羁绊。现实中的打工者,完全有可能在元宇宙中成为众人追捧的成功者。这当然是美好的诗和远方。然而,作为一个平行世界,参与者都是现实世界的人,你并不是其中唯一的人类,而且除了通过VR眼镜进入元宇宙的人类,元宇宙中的其他一切都是人类虚拟的,包括建筑、大地、天空、动物。所有这些非人类的虚拟事物,包括你的创造所获得的认可和经济收益,都是参与者意念的结果。也就是说,在元宇宙中,你并不能主宰你所想要的一切。你制作了一个新产品,能不能售出,并不是你说了算的。你疯狂地发泄,周围并不是不起微澜的死水潭,在元宇宙中被你一顿狂揍的人,你不能保证他不会在现实世界中报复你。是的,现实中你的喜悦,完全可能被你带入元宇宙中,同样的,你在元宇宙中的心理崩溃,也完全可能被你带到现实世界。伊甸园之门,亚当和夏娃出来后,再也没能回去。而元宇宙的"方便之门"是随时可以进出的,除了一副VR眼镜,没有其他门槛。

元宇宙将是你的天堂还是地狱?这是由技术决定的,还是由进入元宇宙的各色人等决定的?元宇宙能改变个体的你和这个现实世界吗?恐怕关键还在于这世界到底有多少人会长期持续参与到元宇宙中去。如果真的有大批量的人整天沉浸于元宇宙,可以想见,那一定是少数精英在现实世界创造元宇宙并控制着元宇宙的运维,大量的底层群体沉浸在元宇宙中。这是人类历史上多么常见的图景!一种是为生计而奔波的,或许是在农田劳作,或许是在矿井劳作,或许是在写字楼熬夜,或许是大厂"996",或许是快递路上的穿行;一种是暂时对现实世界生计烦恼的逃避,如酗酒吸毒、扑克麻将、游戏夜店、投注彩票等。

人类的未来不是元宇宙。元宇宙的未来会是什么?或许有这样一些可能：

第一，作为一种技术，为现实世界的某些领域提供服务。如果只是把元宇宙定义为一种技术，或一些技术的组合，可以创建不同的虚拟场景，帮助人类获得某种技能，那应该是非常具有发展前景的。比如，虚拟课堂、虚拟会议室、城市规划和管理、建筑物设计、战争推演、帮助人类探索未知的世界，等等，会有许多可以想象的领域。总之，为现实世界提供服务、创造价值，是所有技术的共性。

第二，作为人类的游戏或娱乐休闲方式。游戏者、娱乐者在现实世界支付真实的货币，享受游戏和娱乐的快感；投资者在现实世界赚取真实的货币，享受赚钱的快感。所谓将元宇宙中的虚拟资产价值与现实世界的真实价值相交换，大白话就是有人要通过这种方式赚到现实世界的法定货币。

所以，元宇宙最终还是人类现实世界中的虚拟世界，而不可能是一个与人类现实世界"平行"的世界。

人类要想建设美好的社会，还是要靠人的智慧和良知建立良好的、能促使人向善，而且能和谐相处的制度与文化。如同诗和哲学，技术也是人的智慧和心灵的产物，是人类的创造之一。然而技术，包括技术创造的元宇宙，并不是诗和远方，也不是人类实现诗和远方的桃花源，最多只能为诗人和哲学家提供一些灵感和写作工具。

# 技术进步如何影响我们的就业

你的工作技术含量高吗？

对，我问的是你所做的工作技术含量高不高，而不是你这个人本身的技术含量高不高。这之间有区别吗？区别大了！如果你博士毕业，学识渊博，会研究，会分析，这就是你的技术含量。如果你的岗位职责主要是汇总报表，并且这些汇总都是计算机系统自动完成的，你需要对这些数字做一些文字说明，这是你工作的技术含量。

一

在还没有计算机的年代，银行柜员基本都需要下列技能：快速点钞；识别真假币；各种业务的会计分录；分析流水账、分户账、明细账、总账之间的关系；计算各类业务的利息，并能向客户解释；清分、捆扎现钞；清点并保管零头箱；填写各类凭证并分类保管；保管好业务章、名章；清扫营业场所；按照营业时间准时开门、关门；库房管理和守库值班；快速、准确地打算盘；耐心、热情、专业地与客户交流等。

而现在，银行柜员只要知道客户需要办理什么业务，然后把客户名、账号、业务种类、金额等基本要素输入电脑，收付现金、打印凭证即可；另外是清点并保管零头箱、业务章和名章；热情接待客户。其他事项基本都由电脑、点钞机、捆扎机、保安、现钞押运公司解决了。

从技术含量看，现在银行柜员的职责比以前差远了。从管理上说，现在也比以前相对简单。柜员的工作很辛苦，员工都希望能调离这个岗位，但以前因为业务技能要求高，很难找到替补人员，而难以调岗，现在则相对容易。同样的原因，以前柜员的道德风险和操作风险的管理也比现在更复杂和困难。现在的柜员可以不懂会计、不懂核算、不懂科技，这些都不懂也就很难作案。

但是，以前银行招聘柜员，中专生、高中生，甚至是初中生都可以；而现在基本上都要大学本科及以上的员工了。可以说，柜员个人的知识含量增高了，工作的技术含量却降低了。

随着科技的发展，现在许多业务，客户都不需要到银行网点办理，自己可以在网上办理。这不是客户的技能提高了，而是科技让业务办理所需要的技能降低到了即使是外行，也只需简单操作的程度。那么，今后对银行柜员或银行网点工作人员的技能要求会是什么？我觉得应该是高科技基础上的高技术含量技能。

## 二

黑格尔辩证法有三大规律，其中一个是否定之否定规律，即所谓正反合，认为一切事物的发展过程都可以分成三个有机联系的阶段：首先是发展的原始状态，是"正"；其次是对立面的出现，是"反"；第三是对立面的统一，是"合"。"合"是"正"与"反"的升华，而不是"正"的简单恢复。银行柜员技能的演变，可能正是遵循着这么一个规律。

  在没有应用计算机前，操作技能的要求高而且多；有了计算机以后，操作技能的要求低而且少。随着科技发展，许多业务的发起和操作都由客户和系统完成了，这个时候，如果客户还需要去网点，那他所要办理的业务一般不会是简单操作类的业务，一定是他自己在网上办理不了的业务，当然也是网点自助设备办不好的业务。比如，大型项目的融资安排、家族资产的传承方式、企业或个人家庭资产的整体配置、保险方式的选择、复杂理财产品的原理，等等。这些业务所需要的技能，是手工条件下的技能不可相比的，的确是需要本科及以上学历的人才能胜任。这个时候，工作本身的技术含量和员工所具备的技术含量，或许达到了一种相对吻合的境界。

  这是一个银行人力资源管理层需要引起高度重视的趋势。不仅银行营业场所出现了这样的现象，其他业务部门也有这样的趋势。比如清算部门，以前需要的主要是简单重复的操作性技能，大量的记账、对账、凭证管理等工作都被科技系统解决了。那么这个部门将不再需要大量的人员，并且，清算部门留下的少量人员，需要有更高的业务技能。清算部门是银行的心脏，所有部门的业务最后都要通过这个部门入账、收支、核算，留下的人员需要懂得每一笔业务的每一个记账环节和规则，随时应对业务创新和调整，并依据这些调整业务流程和规则，提出系统更新和业务升级的方案。在手工条件下，许多业务细节可以由相关环节的员工学习和掌握，但在科技条件下，留下来的业务人员必须懂得所有环节的细节，但他们已经没有手工操作的机会去体验这些业务细节，因此就需要他们对各类业务，包括传统业务和创新业务有很强的领悟能力。

于是，我们就有了一个问题：技术代替的是人类从事的低技术含量工作吗？显然不是，技术实际上是让人可以以更低的技术门槛进入工作，同时需要少部分人掌握更高含量的技能，以使技术进一步降低工作所需的技能。所以，个人技术含量高，不一定做的就是技术含量高的工作。

## 三

再来看传统技术条件下农民的技术含量。他可以不识字，但他必须会使用锄头、铁搭、镰刀、铁锹、犁、扁担、耙、脱粒机等农机具；要会播种、插秧、施肥、收割、扬谷、脱粒、晒场。他虽然不懂物理学，却知道挑水挑粪时液体表面要放一块小木板或一些竹叶，以免挑担途中液体泼洒出桶外。当然，他也会利用扁担的弹性来减轻肩膀的负担。他不懂天文学，却会看云识天气，会看日头估算时辰，也会看日头辨别方向；他不懂植物学，却懂得麦子、稻子、棉花、油菜、玉米以及各种蔬菜和杂草的脾性、生长规律；他不懂动物学，却会养鸡、鸭、猪、狗、牛、羊、鱼类，并且知道它们的脾性，比如赶牛犁地，是需要和牛有交流和默契的。他在使用农具、挑担、搬运、开渠、驾车时，各种动作都是符合我们所学的力学原理。改革开放和现代农业的发展，促使许多农民离开了土地，进城打工。但一个农民本身具有的技术与许多工作所需的技术相差太远了，因此许多农民只能做体力活。即使这样，农民工的收入也比当农民多多了。

纺织车间同样如此，现在纺织车间的工人只要按按钮就可以了，与以前纺织女工的手工劳动相比，现在的工人才是真正的简单重复劳动。

有一种说法是，随着人工智能、大数据、云计算、5G、物联网等现代数字技术的发展，越来越多的标准化的、重复性的简单劳动岗位，将被技术和机器所代替，这会造成大量这类岗位的消失和人员的失业。所以，人只有不断提升自身的技能，才能适应新技术条件下激烈的就业竞争。是这样吗？恐怕不一定。

从技术的发展看，就是不断地将人类工作标准化，实现机械化、自动化，但技术并不是挑简单的、重复的工作替代。事实上，技术更希望替代的是复杂的、单纯靠人类肢体完成不了的工作。所以，技术越是进步，越是会将人类的工作简单化。这和资本的动力是同向的，资本希望市场有大量的中产阶层，可以消费资本的产出品，但就企业内部而言，资本希望淘汰企业内部大量的复杂工种以节省成本、提高效率。技术越发展，将创造越多低技术含量的工作岗位，压缩中高技术含量的工作岗位。从经济现象看，就是底层没有上升通道，中层分化，贫富差距拉大。

## 四

一次我与金融科技领域的朋友聊天,谈到了数字经济替代了大量线下商户的就业岗位,创造了大量的快递工作岗位。我们仔细想想,技术发展并不会造成失业,只是会产生一定时期劳动岗位转移过程中的结构性失业,但新就业岗位的技术含量确实降低了。这并不是说快递的工作完全没有技术含量,他需要会开车,有娴熟的行车技术。但与商店营业员相比,快递所需的技术含量更低,更不要说与农民,与工厂的电工、机修工相比。还有科技公司,我的朋友说,"码农"一词是程序员群体的自嘲,一定意义上说,他们是科技公司的蓝领工人。码农们每天没日没夜做的都是简单的重复性劳动,他们工作的成果很有科技含量,但他们的劳动本身并没有多少科技含量。我说,科技公司用他们大量简单重复的人工劳动干掉了其他行业的简单重复劳动。

在学校和学生交流时,学生最常问的问题就是,银行的哪些岗位比较有发展前景?和刚工作不久的年轻人交流,他们最大的烦恼是在大学学了许多知识,以为工作后可以大展身手,却发现每天都在做着简单重复的工作,枯燥乏味,所学的知识无用武之地,看不见未来。

科技的发展,毫无疑问改善了人类的生活,也确实使工作简单化了。同时,我们劳动人口的知识结构在这几十年来也有了巨大的变化,即识字率、受过高等教育的比例越来越高。这从一个方面也产生了劳动人口知识结构与劳动岗位技术含量结构的错位。技术进步带来了劳动的简单化，但并不一定能带来轻松愉快劳动的这种理想场景，"996"阶层的产生，是要引起高度重视的。古代有士、农、工、商的划分，我们可以把它们定义为阶级，也可以定义为就业岗位的层次。无论科技如何进步，人类社会不可能拉平就业岗位的层次。也就是说，工作岗位所需要的技能含量一定是有差别的。同时，人自身的技能含量也一定是有差异的。因为这样的差异，人们对就业岗位就会有相应的诉求。如果大部分这样的诉求能够得到基本满足，这就是一个和谐的社会；否则，难免会产生社会的动荡。

因此，在科技高歌猛进的今天，在新旧动能转换的过程中，我们不仅要关注科技创新对经济增长的促进作用，更要关注科技进步对就业的影响。要研究科技进步创造就业岗位的数量，还要研究科技进步对就业岗位结构的影响。关键是，在科技进步中，要研究预案，怎么处理好不同层次就业岗位的比例，不同层次就业岗位的结构与就业人口知识结构和技能结构的匹配度，减少转换过程的震荡。

# 第二章
# 金融科技的冷思考与新思路

# 数字普惠金融的未来

随着数字经济的发展和新冠疫情的影响,发展数字普惠金融的重要性已不言而喻,怎么强调都不为过。发展数字普惠金融当然要用技术,用什么技术并不是问题的所在,怎样用数字技术才是。实际上有一个不成问题的问题,即为什么要发展数字普惠金融?发展数字普惠金融是为了创造更好的普惠金融,而不是为了发展数字技术。所以,数字普惠金融的未来,不能只是在数字技术名词上打转,而是要研究普惠金融本身的金融问题,进而研究解决这些金融问题的金融方案如何通过数字技术来实现。

**发展数字普惠金融首先必须明确普惠金融的目标人群**

2005年,联合国提出普惠金融体系(inclusive finance system),提倡以可负担的成本为有金融服务需求的社会各阶层和群体提供适当、有效的金融服务,小微企业、农民、城镇低收入人群等弱势群体是重点服务对象。

我们不应该泛化普惠金融的对象,个人或小企业并不一定就是普惠金融的对象。总体上,普惠金融服务的对象是相对弱势的群体。比如学生群体虽是无收入群体,但不能简单地归入弱势群体,因为大部分的学生家庭条件并不差。

数字技术要着力研究通过什么方式，收集什么数据去精准发现潜在客户，并且让金融服务触达这些潜在客户。

**发展数字普惠金融需要提供适当的、有效的金融服务**

金融服务是一个宽泛的概念，但也说明了金融服务非常丰富，不能仅仅将其理解为贷款。

每一个普惠金融服务的对象，或许需要不止一项金融服务产品，但并不是每一个服务对象都需要所有的金融服务产品。不同的服务对象所需要的服务内容是不同的。

一些困难家庭、老弱病残人士没有收入来源，对于这样的人群来说，银行账户、支付结算、社会补助、医疗保险等，才是他们需要的普惠金融服务。给他们发放贷款，只会加重他们的生活负担。

数字普惠金融要研究通过收集什么样的数据，才能精准地确认普惠金融服务对象真实、有效的需求。

**发展数字普惠金融必须认识需求的合理性和提供服务的合法性及安全性**

提倡以可负担的成本提供适当、有效的普惠金融服务，我认为既是针对普惠金融服务对象的，也是针对提供服务的金融机构的。

金融机构为弱势群体提供普惠金融服务，当然要让服务对象承担得起成本，高利贷、过度服务等有失普惠金融本义。同时，金融机构提供服务，其成本金融机构自身也应该能承担得起，确保自身能不断发展壮大，可持续地发展普惠金融事业。

对于客户的需求，要进行合理性分析，这是提供适当、有效服务的前提。以信贷为例，个人生活消费缺钱、企业经营资金紧张都是资金需求。客户有这样的需求，机构是不是必须要发放贷款满足他们？我们还是要先分析这样的需求是不是合理的、有效的，所谓合理、有效，就是具有还款能力的贷款需求。再以学生为例，学生缺钱消费，但不一定是因为家庭困难，往往是家长出于教育的考虑，只给了孩子适当的零花钱。向这样的学生发放贷款，显然是不合理的。有些学生确实是家庭有困难，然而，他们需要的是救助，而非发放贷款，因为他的家庭无法承担贷款的本息。再进一步说，学生贷款的还款来源不是学生自己，而是家长，在没有征得真正还款人同意的情况下向学生发放贷款，本身就是不合理的。至于以学生未来工作后的收入作为还款来源的助学贷款，则是另一业务逻辑，不能混同于基于学生父母还款能力的校园贷。

数字技术应该有助于精准分析客户需求的合理性。有一种说法是，互联网金融服务了许多传统金融机构不愿意服务的对象和覆盖不到的对象。现在看来，这个说法有失偏颇，覆盖不到的对象确实有，但不愿意服务的对象则不一定就被互联网金融服务包含进去了，实际上是一些互联网金融服务了不该服务的对象。

找到了合理的需求，满足这样的需求是不是就是对的、合理的？也不一定。

首先，满足需求的方式需合法合规。作为提供普惠金融服务的机构，必须是持牌机构。数字技术只是提供金融服务的工具，金融机构给客户提供的是金融服务，而不是技术，必须接受相应的金融监管，不能用"白马非马"的方式混淆视听。在机构合法的前提下，提供的金融业务也应该是合法合规的。

其次，金融机构提供的业务应该是在自身安全可控范围内的。

再次，金融机构提供的业务不可危及整个金融系统的安全和社会的稳定。

总之，普惠金融要对需求和供给两方进行深入分析，不能简单地认为只要满足普惠的需求就是合理的，就应该受到鼓励，也不能因为应用了数字技术就认为是合理的。数字普惠金融的真正意义在于，数字技术有助于分别合理与不合理的需求，确保提供的服务合法合规和安全有效，而不是为普惠金融冠以"数字"的名头。

## 发展数字普惠金融必须充分认识金融服务和金融机构的特殊性

技术可以改变提供金融服务的方式、效率、成本、体验等，但并不能改变金融的本质，所以应用技术必须充分认识金融服务和金融机构区别于一般工商企业的特殊性。以提供存贷业务为主的银行为例：

首先，银行是客户高度信任的机构。客户把钱存到银行，相当于是把身家性命托付给银行。所以，经营和维护信用是银行的第一要务，没有客户的信任，有再好的技术也无济于事。

其次，银行提供的大多数业务和服务都不是"一手交货，一手交钱"的一次性买卖，不是商品和服务的价值转移或所有权转移，而是一个持续的服务过程,也是一个持续的风险管理过程。简单的线上获客营销并不适用于银行业务的经营管理,更不能以流量考核进行所谓的降维营销。

再次,客户办理银行业务有很强的目的性。客户只有需要办理银行业务的时候,才会到银行网点或打开银行App,而且一般也只会在自己的开户行办理。所以,一般企业的线上获客方式,对于银行业不具有普遍意义。

最后,除了支付结算,大多数银行业务对于客户来说不具有高频性。

数字普惠金融和银行数字化转型,必须充分认识这些特点,才能实现有效的技术应用,不至于走许多弯路。

**发展数字普惠金融必须充分研究各类数据与金融产品的相关性**

经过十多年的发展,我们可以看到数字普惠金融,包括数字金融,用什么技术不是问题,互联网、大数据、云计算、人工智能等都是公共技术,关键问题是如何应用技术。如果经过这十几年的发展后,我们还是以这些技术名词和口号来谈数字普惠金融、数字金融,就有欺世盗名之嫌了。

现在是到了充分、深入研究各类数据与金融产品和服务之间关系的时候了。只有研究透这些关系,各类技术才能得到有效的应用,从而提供有效的普惠金融服务。现在很多关于大数据应用的介绍,往往失之于笼统模糊,甚至泛化和简单化,大量的互联网金融风险也与此有关。

首先，我们要分析哪些数据可以帮助我们精准地识别有效客户。进一步，要将数据分类处理，哪些数据在识别有效客户中具有普遍性，哪些数据只有在特定的场景中才有效，哪些数据只针对某类客户群体才有应用价值。

其次，要分析各类数据与信贷额度和信贷风险之间的相关性。在信贷额度确定和信贷风险评估中，并不是数据越多越好，数据的强相关性和精准性才是关键所在。同样的，不同数据在不同场景、不同的客户群体中，与信贷额度和信贷风险的相关程度是不同的，需要进行精细的分类，形成不同的算法和风控模型，不存在所谓放之四海皆准的风控模型。

再次，要寻找对于借款人还贷具有强约束力的数据。借款人有还款能力、过往的信用记录良好，都是金融机构向借款人提供贷款的前提条件，但这些数据并不能保证借款人今后有必然还款的意愿，因此就需要有强约束条件。担保、抵押等就是此类强约束条件。在数字技术条件下，同样需要有这样的强约束条件。技术本身并不能提高借款人的还款能力和道德水准，因此，要找到具有强约束力的数据，还需要相应的法律制度的支持。

最后，在此基础上设计相应的业务模式。一方面，所谓智能风控模型、算法模型，都需要在找出这样一系列的数据及其相关性后才能建立。同时，不同的客户群体、不同场景，各类数据的相关逻辑不尽相同，风控模型当然也是各不相同的。风控模型没有最优，只有最具针对性。另一方面，正因为客户群体不同、场景不同，业务模式也是不同的。有些业务从获客到风险评估、贷款、贷后管理到收回贷款,完全可以在线上的闭环中完成。而有些业务模式可能需要在线下获客,线下与线上相结合进行风险评估,然后在线上完成贷款、贷后管理和收回贷款。因此,数字普惠金融、数字金融,不能简单地拘泥于"数字技术"的概念。

**发展数字普惠金融,监管必须跟上数字化创新的节奏**

监管肯定落后于市场创新,但监管必须追上市场创新的节奏,不能因为监管肯定要落后于市场创新,就认为不需要监管创新。监管落后于市场创新中的"落后",不是与先进对应的落后,只是时间顺序的先后。更何况,市场创新并不一定是正确的。因此,提倡市场创新,不等于市场创新就可以凌驾于监管之上。对创新需要宽容,但宽容不是不监管。对监管同样需要宽容,因为监管本身也是创新的一部分。

数字普惠金融、数字金融,如果方向是确定的,那么创新就要有接受监管的信心。前文关于收集数据的技术、确认客户的分析模型、风控模型等,都应该是透明可监管的。

对各类技术和模型,要进行分类监管。一些要进行技术运行安全性监管,在这方面,IT系统监管已经有不少经验和较完善的机制;另一些要进行数据逻辑的监管,比如客户标签参数设置是否合理、风控模型设计是否符合逻辑等;还有一些模型要进行人格化监管,即模型也要持证上岗,运行中出现问题随时责令下岗,某些甚至需要连带追究设计人员的责任,比如智能投顾模型、风控模型等。

其他关于合规合法采集运用数据的讨论很多,此处不再赘述。

**发展数字普惠金融,各类数字平台应该向各类金融机构充分开放平台场景**

随着数字经济的发展和数字社会的建设,会产生更多面向不同领域的公共数字平台。一方面,这些平台的产生与平台企业自身的竞争力有关,另一方面也是数字经济和数字社会的必然现象。所以,不能以传统产品、行业的垄断来看待平台企业的行业集中度。平台的垄断与否不是看集中度,而应该看平台的服务方式。这就涉及作为具有公共品性质的平台如何与社会相处的问题。

就发展数字普惠金融、发展数字金融而言,各类数字平台应该充分向金融机构开放,让金融机构能够高效地为平台上的各类主体提供数字金融服务。这是各类平台能够扩大发展、持续发展的基础,也是数字社会建设的必然要求。

有人或许会说,平台上的主体都是平台企业的客户,它们的需求应该由平台企业来满足。和对数据所有权和使用权的认识一样,这可能是数字经济发展初期,这种认识是社会对平台企业性质的认识还不够深入的缘故。比如,某人到理发店理发,用银行卡付款,这时,他既是理发店的客户,也是银行的客户,这两个角色并不冲突。当平台上的客户需要金融服务时,他们就是金融机构的客户,为了让客户更好地享受平台的服务,平台就应该向有资质的金融机构开放。

平台企业可否为平台上的客户提供金融服务？当然可以，但必须申请金融业务牌照，其金融业务必须与平台的其他业务严格隔离，与其他金融机构公平竞争。有多少能力办多少事，办不了的，还是需要向其他金融机构开放平台。开放，包括开放客户及相关数据。平台企业到处呼吁要打通信息孤岛，到头来自身却垄断了信息，造就了信息孤岛，不得不说这是数字经济发展中的一个悖论。

因此，数字平台的开放，或者说大型科技企业如何与社会相处，是下一阶段数字普惠金融，乃至整个数字经济、数字社会建设需要重点研究的课题。

# 数字普惠金融的中国方案

如今，新冠肺炎肆虐全球，中国取得的抗疫胜利举世瞩目。数字普惠金融及整个数字经济为成功抗击疫情做出了巨大贡献，同样举世瞩目。也正因为此，2020年中国金融四十人论坛（CF40）与国际货币基金组织（IMF）交流的主题是"疫情冲击下的小微企业数字化融资"，分享中国经验。IMF如此重视中国金融科技的发展，一方面当然是中国在这方面的发展取得了巨大成绩，走在了国际前列；另一方面，作为一个国际组织，IMF更希望中国的经验能够为其他国家所借鉴，为人类社会的共同繁荣提供参考。

在这次会议上，中国的银行代表与专家指出：疫情防控期间，中国互联网银行与传统银行的数字化融资服务缓解了小微企业融资困难问题，缓冲了疫情对经济的冲击，相较于传统主流银行，互联网银行的小微企业数字化融资服务在数据和风控方面具备一定优势，可以总结为四条经验：第一，个人数据以及电商和社交数据都是有效的风控数据；第二，数据化智能风控体系具有低成本优势；第三，互联网银行发挥了人工干预和机器学习的协同效应；第四，互联网银行与传统主流银行相互合作、互为补充。

这些经验引起了与会IMF专家的高度关注，因此，他们直率而热烈地提出了许多问题。我关注到,会上专家问的都是金融专业的问题,根本不问应用了什么样的科学技术,比如:数字化融资都采集了什么数据,是怎么采集的;这些数据是怎么与风险管理相关联的(即相关金融科技公司采集的数据与信贷风险是基于什么逻辑关联的);算法、模型等是如何建立的;给客户的贷款额度与贷款期限是基于什么原则确定的;当贷款出现风险,如何进行资产重组(即当贷款出现违约或不良,如何处置);银行的资金来源和运用是如何平衡的;等等。IMF总裁克里斯塔利娜·格奥尔基耶娃(Kristalina Georgieva)女士提的三个问题就很有代表性:第一,自疫情暴发以来,中国如何使用企业的数字足迹帮助判断哪些企业能在封锁隔离措施下生存下来,甚至获得成长的机会?第二,由于小微企业贷款金额小,评估这些企业风险所带来的单位成本就相对较高,传统银行可能没有动力去主动帮助小微企业,速度也比较慢。互联网银行是如何解决这些问题的?第三,当前环境充满不确定性,如何对这些不确定性做出判断,将其体现在风控模型中,并做出即时信贷决策?

同时,我也关注到中国的互联网银行代表和专家的回答特点:除了介绍发放了多少笔贷款、多少金额的贷款、帮助了多少小微企业、办理一笔贷款需要多少时间等实质性数据外,他们只是概念性地介绍了数字化融资应用的大数据、云计算、AI、人脸识别、智能画像、算法模型、区块链技术等。简单总结就是,我们采用了哪些科学技术,帮助我们取得了这些良好的结果。关于技术的应用,中国的专家只提到了技术名词,没有具体回答IMF专家所提出的问题。也有个别互联网银行代表提到,他们的做法只适用于某些领域或某类场景的客户。

这次疫情后,数字金融,包括整个数字经济行业,将进入一个高速发展期,同时也是一个冷静发展期。

之所以说是高速发展期,是因为在疫情防控期间,人们真正发现了数字技术或无接触技术的威力,它们不仅有助于抗疫,同样有助于引爆新的经济增长点,还能助力人们的生活方式、学习方式、工作方式和交往方式的转变。

之所以说是冷静发展期,是因为经过这次抗疫的洗礼,人们真切地看到了金融科技在哪些方面发挥了作用,在哪些方面的应用还存在不足,哪些领域可以发挥金融科技的作用,而金融科技却还没有进入,哪些领域金融科技实际上运用错了方向。不仅金融领域,在经济和社会的其他领域,包括智慧城市建设、线上教育、线上医疗等,抗疫为科技的应用提供了一次全面检验的机会。有了这样的一次集中全面的检验,人们对数字科技的应用将会更加理性、更加冷静,方向更加明确。

不得不说,前几年对于金融科技的宣传是有点过热,想象的成分多了一些。一些技术已经进入了落地的瓶颈期。我们需要以这次抗击疫情为契机,既要总结以往金融科技成功的方面,更要寻找不太成功的原因,以发现金融科技成功的规律。

第一,当科技进入应用领域,科技就是一个工具,金融科技最终要实现的是金融功能,而不是让金融实现金融科技的科技功能。如果摆不正这个关系,金融科技的应用就会走向歧途。数字普惠金融是要实现更好、更有效的普惠金融,而不是为数字化而数字化,引诱没有还款能力的人群过度借贷,以实现科技的所谓引流获客功能。

第二,金融科技要实现金融功能,就必须真正了解各类金融业务的内在逻辑。

以银行为例。一是银行的业务不同于一般工商业的产品和服务买卖。一般工商业产品或服务,是一次性买卖。产品是所有权和使用权的转移;服务是服务价值的实现。银行的许多服务,是一个长期的过程,是价值的临时转移。比如存款,是存款人将自己的资金临时存放在银行,一定时期后连本带利取回。银行获得存款人的一笔存款,并不等于银行已经推销了一个产品。更何况,就存款这笔业务本身而言,银行不仅没有出售任何商品,更没有任何销售收入。贷款同样如此,银行向借款人发放贷款,是要在一定时期后连本带利收回来的。发放贷款时,不等于银行推销了一款产品,收回贷款也不等于成功推销了这款产品,因为没有发生产品的所有权转移。存款也好,贷款也好,业务能够持续办理,是建立在风险管理能力基础上的。所以,存款、贷款的竞争,利率价格是一个手段,但这个手段对开拓客户量的作用是有限的,因为有还款能力的客户量是既定的。如果银行要像一般商业企业那样为了扩大客户量而搞所谓的降维打击,那只有降低风险管理标准。很明显,这将是灾难性的。二是银行的大多数业务,对于客户来说,不是高频的。银行的客户,只有在需要办理特定的银行业务时,才会去银行网点,或者进入银行网银或移动App。银行客户办理银行业务,一般是直接与开户银行建立联系。所以，单纯靠线上获客，不具有普遍效用。

第三，科技不能提高人的道德水平，不能提高人的还款能力。

目前的金融科技，包括大数据、云计算、智能画像、区块链等，可以提高收集数据的效率、扩大收集数据的广度、提高数据的分析计算速度、确保数据在传递过程中不被篡改等，也就是说，可以更好、更精准地找到客户，评判客户以往的信用情况及还款能力，但并不能提高客户的道德水平和还款能力，更不具备约束客户必须还款的效能。如果简单地把风险评估和风险管理完全交给金融科技去完成，这本身就是一个巨大的风险。

大数据、云计算，作为技术，主要解决的是数据收集速度和能力、数据储存量和储存管理能力、数据计算分析速度等问题。至于应该收集哪些数据，如何确定数据与相关业务风险的相关性，并因此如何设计分析算法模型等，这是金融技术应该解决的问题，而不是大数据、云计算这些科学技术应该解决的。对于特定的风险类型，模型需要的数据并不是越多越好，无关数据的加入，反而会对计算结果的有效性带来偏差。这样的取舍能力，不是数学能力，是信贷经验和统计学能力，也是广义的金融技术。即使算法模型高度精确，其结果也只是信贷风险决策和管理的必要条件，并不能代替决策。IMF专家们所问的，正是这类金融技术问题，这是风险决策和风险管理的关键，无论是线上和线下，都有共同的规律。科学技术，是实现这些金融技术的工具。一项科学技术能在提高效率、降低成本、更加精准的基础上解决上述问题，才是好的金融科技的应用。

金融科技的应用，在帮助提高风险管理能力的同时，其本身也是有风险隐患需要管理的。除了现在大家都非常关心的数据收集、数据隐私保护、数据所有权和使用权保护等风险外，还有不同金融科技风险管理模型在具体风险管理过程中的定位，同样隐含着定位错位的风险。

金融科技，是为了实现金融功能。但是，即使是实现了某些场景中的金融功能，不等于就是好的金融科技应用。比如刷脸支付，从实现支付这个金融功能而言，人脸识别这项技术似乎是成功的。但我认为，就支付这项具有私密性、独立自主性的活动来说，人脸识别技术并没有真正完满地实现这项金融功能，应该禁止使用。你的脸是独一无二的，并且只长在你的脑袋上，但是当你走在街上，你无法控制别人频频回眸看一看你的脸，也许某一刻，你账户里的钱就会这样被"看"走。更要命的是，当你用你的脸作为你的支付密码，失密是必然的，但失密后却无法更改密码，除非不再使用你的脸作为支付密码。这说明金融不仅仅是表面的资金的转移，资金流的背后有着一系列的规则。

第四，信贷的风险管理不仅仅是信息对称。不同的信贷产品，既是业务对象不同或资金用途不同，风险管理的内容也会不同，没有普遍适用的风险算法模型。针对不同的客户群体、不同的贷款用途，需要不同的风控模型。

信贷风险评估和管理，除了借款人的还款意愿，即我们平时说的借款人的信用或道德水准外，更重要的是借款人的还款能力。在决策中，我们主要通过抓三个环节来达到上述目的。一是，通过对借款人经营规模（个人消费贷款及收入水平）的调查，确定合适的贷款额度。这有三个目的：一个是确保借款人不会超出自己的经营能力去投资经营；个人不会超出自己的收入水平去消费；再一个是确保贷款额度不会击穿借款人的道德底线。二是，监督或控制借款人的借款使用范围及资金的流向，持续观察借款人的经营状况、消费状况。一旦发现异常，就及时采取风控措施，化解风险。三是，找到控制借款人的硬约束条件，通俗地说，就是找到借款人的软肋或命门，以确保贷款的收回，抵押、担保等，都是这类手段。

义乌小商品市场发展起来后，银行给商户提供了以商铺使用权做抵押或商铺所有权做抵押的贷款，贷款额度基于客户的经营规模，商铺的使用权或所有权就是客户的命门。

在浙江台州的几家小城商行，总结出了审查客户"三表三品"的经验，在台州本地取得了非常好的效果。"三表三品"就是大数据，目的就是评估客户的道德水平、真实的经营规模和经营能力。台州的这几家银行经常向全国各地同业毫无保留地介绍他们的经验，但真正能照搬照学的似乎不多，因为各地的文化、产业等是有差异的。不过，这些经验还是值得其他银行借鉴的。

一些做得成功的金融科技公司和互联网银行实际上就是在线上做了上述银行在线下做的事情，还是在按金融规律办业务。有的是以网上商铺做约束；有的是以线上社交圈为基础评估借款人还款意愿、还款能力、可贷金额，并以社交圈作为道德约束。他们的风控模型，都有特定的客户对象和场景，并不适用于其他客户对象或场景，但经验同样是有启发性和借鉴价值的。许多科技公司想为银行服务,赚银行的钱,但又不把自己风控模型的内容讲清楚,只是说自己有大数据、云计算、算法模型,这让银行的人怎么相信你呢?

第五,科技本身不能解决信用问题,需要政策或法规制度的认可。

区块链作为技术有这样一些特点:分布式账本、全程留痕、不可篡改、可以追溯、全网维护等。说白了,就是一种数据的储存和应用方式。分布式账本,是指无数相同的账本同时存放在链上的所有节点上,所有数据同步维护,维护全程留痕,所以每一个数据本身不能被单独篡改。

有人说,分布式账本将颠覆复式记账法,这是不懂会计的胡乱猜想。分布式账本的"账本"基本就是数据库的概念,里面的数据是按该数据库的要求进行记录的。如果是会计账本,记账与核算一定是按会计原则进行的。只是这本会计账本是同步储存在不同的节点(分布着的"账本")中。

手工记账的每一笔记录,办理业务的员工都要签字盖章,目的是防篡改。账记错了怎么办?会计制度规定可以用红色的墨水反向做一笔分录并签字盖章。区块链以技术的方式实现防篡改,但不等于已记录的数据不可以改变,只要有制度(规则)规定,同样可以用新的数据代替原有的数据。就好比我们新发布了一个文件,最后一条宣布之前的某文件已失效。所以,区块链等技术提供的数据能不能作为可信的贷款决策依据,能不能作为法庭呈堂证据,不是技术本身所决定的,而需要相关的法律或制度认可。

第六,金融创新必须是能够被监管的。在同样的监管下,做同样的业务，要颠覆银行的金融科技公司却做不过银行，这在逻辑上是说不过去的。监管方式要有利于创新，但不等于对创新放任不管，甚至鼓励创新浑水摸鱼。

从前文的分析可以看到，金融创新需要三项技术：政策技术、金融技术、科技技术。不懂金融业务本身，不懂相关政策法规，单靠金融科技是不可能有真正成功的金融创新的。一些金融科技之所以进入落地瓶颈，就是因为只从科技功能出发想象金融的需求。比如区块链技术，到底哪些银行业务是需要全网同步维护数据的？这项业务的所有相关方愿意为了这项业务而上链吗？业务中是所有信息还是部分信息需要共享？信息的分布式储存就等于信息共享吗？链上的数据和活动如何才能纳入法律法规和制度的认可范围？法律法规和政策制度需要做哪些相应的调整与创新？这些都是需要我们进行冷静审视的。我对于以上问题的思索和总结，也会贯穿全书。

因为疫情，几乎所有学校都启用了远程教育。疫情缓和后，学生返校上课，一些中小学老师发现，少数自律能力强的学生成绩更好了，但还有许多学生跟不上课程，特别是那些后面课程是以前面课程为知识基础的数学、物理等。线上讲课，老师在上课时无法感受学生的反应，不能因学生的反应调整讲课的节奏和方法。通过疫情的检验，说明网上教育至少对中小学生不是完全有效的，知识的传授不仅仅是影像和声音的传输。疫情防控期间，除了游戏等消费能够完全在线上完成外，其他线上商品交易最终还是由快递小哥帮助实现的。所以，发展数字经济，要理性看待纯线上崇拜。

我们应该为世界提供什么样的数字普惠金融中国方案？应该是

能给予人们启迪的符合金融规律的应用方案，而不仅仅是用了什么技术。这次疫情给我们提供了很好的重新审视金融科技的机会。我想，未来会有很多中国银行业机构可以回答IMF专家的问题，数字普惠金融会有更好的解决方案。

# 农村金融的迷茫与破题

## 现状：农村金融30年未变

"首先，通过搭建金融服务场景进行获客、收集信息。河南省兰考县政府通过设立县级金融服务中心以协调有直接业务合作的金融机构，如各大银行、保险机构以及相关评估认证机构，等等，主导普惠金融信息的发布、收集和任务的落实、推动等；乡镇级设立服务中心新窗口接受咨询；乡村级设普惠金融服务站，管理小额存取、残币兑换、金融知识普及推广、信息完善、群众贷款的帮助推荐和代购。协保员通过普惠金融服务、服务保障、便民服务补充政务信息，推送金融数据，在劳动保障的情况下，完善社保、就业状况等信息。在完善信用信息体系建设的同时，通过与传统金融机构及蚂蚁金服为代表的金融科技企业的对接，进一步形成了普惠授信体系，确保农户的普惠金融需求。"[1]

---

[1] 曾刚、董学元，《金融科技助力兰考普惠金融试验》，2018年9月17日，来源：新浪财经意见领袖。

读了上述文字，我感慨万千。上文所描述的，30多年前的中国农业银行和农村信用社也曾做过，只是那时没有互联网、没有金融科技，甚至在村子里没有电话。农行、信用社与乡政府、村干部合作，聘请村干部、村会计做协储员、代办员，为农民办理钱款的存取、贷款的发放和收回。在那样艰苦的条件下，农民实现了在家门口存款取款，贷款贷到了田间地头；也是在那样艰苦的条件下，创新了乡镇企业贷款、农户生产经营贷款、个体工商户贷款等，有力地支持了由农村开始的经济体制改革。由于部分地区交通不便，路途艰险，有一些农行、信用社员工甚至在送金融下乡途中因公殉职。

30多年过去了，农村金融兜兜转转好像又回到了原点。农村金融依然是一个让人烦恼的问题。

是的，虽然现在有了神奇的互联网，有了数字科技，但乡镇依然要联合政府等相关部门和机构设立现实的服务中心，乡村依然要设立现实的普惠金融服务站，不仅线下操作办理业务，连咨询都是线下的。

前段时间读到一篇介绍某互联网金融企业做农村小额贷款事迹的报道。一家生产牛肉制品的企业，需要大量养殖户为其养牛。而养牛户没有资金搭建牛棚、购买小牛和饲料等。养牛户没有固定资产可以作为抵押物去获得贷款，饲养中的牛也不能作为抵押物。更重要的是，养牛户非常分散，每个养牛户的能力、人品等风险无法通过大数据云计算来评估和管理。这家互联网金融企业的员工跋山涉水，一家一户地考察、评估养殖户，确定是否可以发放贷款。贷款批准后，都通过这家互联网金融企业的第三方支付平台发放给了养殖户，并且支付账户不能进行其他消费和采购，只能通过这家互联网金融企业的网上商城，向牛肉制品生产企业购买搭建牛棚的材料、小牛、饲料等相关生产资料。牛养大后，也只能被那家牛肉制品企业收购，收购款也通过这家互联网金融企业的支付平台支付，互联网金融企业在支付平台上收回贷款。

我非常赞赏这家互联网金融企业扎实工作和吃苦耐劳的精神。从整个过程看，是几十年来基层农行、信用社的日常工作和做法，贷款方式也是传统的买方信贷的方式。唯一不同的是，把监督支付和还款，都放在了支付平台上。由此可以看到，农村金融问题，依然是那些金融问题，解决的方法依然是金融的方法，数字科技可以在实现金融解决方案中起到部分作用，但数字科技本身不是金融解决方案。

## 案例：填补金融服务空白点活动的得与失

2009年油菜花开的季节，我与几个朋友一起去东部省份一个相对欠发达的山区县游玩。中午我们在农家乐吃饭，朋友约了在当地当乡长的同学。席间我们聊了一些当地的风土人情、经济状况。我问乡长："都说要服务三农，农民融资难、融资贵，你作为乡长，能不能告诉我，农民以及你们乡里，究竟有什么金融需求？"乡长说："我们这里的农民，一般的生产经营，基本上不需要贷款，要贷款的可以说都是懒人，只要稍微勤劳一点，生产、生活都能过得去。我们这里许多农民种蘑菇，稍微勤劳一点，就会有很好的收入。如果懒，种了，不去管理，收成就差，就会缺钱。这些人借了钱，也就是喝酒赌博。这里的信用社给我授权，可以推荐一定数量50万以下的贷款。我基本上没有推荐过。"我问："那你的困难主要是什么？"乡长说："主要困难是解决发展什么新产业，怎么把农民生产的产品卖出去的问题。我们这里的农产品都是有机的，也都是特色农产品，但生产分散，农民没有销售渠道。由于是山区，交通、信息都不畅通，没有企业和商人来进行有规模的采购或组织销售。我们政府曾尝试到深圳等大城市去设销售店，但热闹一阵后，效果就慢慢地差了，只能撤了。"

也是在那段时间，因为要填补金融服务空白点，我去了西北一个被联合国列为不适合人类居住的地方。那里干旱缺水，很少有农作物能生长，放眼望去一片荒凉。经过研究，那里的纬度、土壤、气候，适合种土豆，还是做炸薯条用的大土豆。在政府组织下，经科研机构指导，那里每家每户都开始种土豆，农民的生活有了很大的改善。但关于农民对金融的需求，相关负责人仍是语焉不详。我在调研中明白了，当地政府希望贷款建设农产品市场。农民生产的土豆需要销售出去，政府成立公司，划出土地建立市场，都需要资金投入。

接着我又去了西南一个省份的山区。那里满目苍翠，却没有金融机构网点。山区里住的主要是老人和孩子。唯一的商店，一天的营业额一百元左右。

银行填补金融服务空白点的活动搞了几年，最终不了了之了。

从当时各家银行的做法看,基本上都是设立流动网点、安装ATM机、开通网上银行、给当地商店安装POS机、请当地商店做现金业务的代收付等。

## 误区:扶持式农户贷款不是农村金融真实需求

关于农村金融,虽然有服务三农一说,但三农一般指农业、农民和农村。这样,农村金融也就主要研究金融怎么扶持农户生产经营了。

然而,农户现在的情况已与三四十年前不同了。这种不同,包括了整个农村,也包括与农村相辅相成的城市,更包括农民自身。

现在,有完全纯农业的农村,有几乎已经工业化的农村,也有介于两者之间的。有非常富裕的农村,也有比较贫困的农村。作为世界上唯一具备完整工业体系的制造大国,我国的工业体系并不是只存在于孤立的城市中,而是遍布在全国城乡。因此,农村也形成了二元化的结构,空心化的农业农村和工业化商业化的农村。从这个角度看,我们把农村金融局限于农户与农业相关的生产经营活动,就没有与时俱进。也就是对农村的认知还停留在三四十年前。

至于农民,几十年波澜壮阔的改革开放,造就了大量不从事农业活动的农民。现在差不多已是第三代农民工进入劳动者行列了。无论从生活现实,还是这些农民自身的学历、技能、意愿上说,这代农民已经具备了脱离土地的条件。也可以说,一家一户式的农业生产方式,就劳动力供给方面看,已经开始进入全面式微的阶段了。

这就带来一个疑问。当我们在讨论农村金融,研究金融如何服务三农的时候,有没有真正弄明白农村的真实金融需求?换一个说法,我们是不是在针对已经不是需求的需求,或者说是不符合未来发展趋势的需求,讨论农村金融?

我不主张在全国大面积推广农户贷款。因为这不符合农业现代化的发展方向,不符合城市化的发展趋势。发展农业、发展农村、帮助农民致富,包括扶贫,我们应该超越把农民束缚在土地上的思维。我认为,改善农民的生活和农村的落后状况,不能再用以前的方式。过去几十年,相关人士提了许多建议,我们不是没有尝试过,关键是都无法持续下去。改革开放40多年了,不应该再以一家一户为单位,把农民束缚在土地上的方式来改善农民的生活和发展农业。

毫无疑问,农户作为一个经营单元,会长期存在,但在现代科技和商业条件下,他们将不再是农业生产和经营的主流。因此,慈善式、扶持性的农户贷款,也不应该是农村金融的主攻方向。实际上,从商业发展趋势的角度来说,这已经是一个不是需求的需求了。

## 方向:县域经济转型升级呼唤农村金融改革

农村的工业化部分,可以说是我们都在关注的实体经济的主体,县域经济也是其中的一部分。农村金融在这方面做出了巨大的贡献。目前的问题是，在新旧动能转换过程中，旧动能恰恰是在县域。之所以民间投资下滑，与县域经济中处在传统行业中的民营企业既面临着传统行业收缩的压力，又找不到新的投资方向有着很大的关系。同时，真正高端的科技企业及科技人员，现阶段还不可能大量地涌往农村地区。我遇到过一些县域传统行业的民营企业家，他们虽然有融资等金融需求，但最烦恼的却是作为传统行业，在地方政府面前不受待见。有一个企业家跟我说："我的产品很好，市场有需求，企业发展也非常稳定，但政府现在提倡新科技行业，希望我们把土地让出来，可以引进新的企业。"这也是农村金融目前面临的有效需求不足的困境。

就农村金融本身来看，随着改革开放的不断推进，农村金融体制也在不断探索。银行要办成真正的银行。农行由专业化进而商业化，行、社分家后，农行的网点只设到主要的乡镇。信用社的改革，则始终面临着身份定位的摇摆与反复，是合作性质还是商业性质？当周围在不断工业化、商业化，无论是农行还是信用社，都义无反顾地把资源投向了工商业。最近10多年，更是把主要资源投向了政府平台、国企、大型民企。于是，农村金融就一直是一个待破解的难题。这些年设立了不少村镇银行，并且引进了外资，不能说完全无效，但惊喜不多，问题却不少。

面对这样的难题，借鉴国际先进经验当然是必需的。但我们更应该总结农行和信用社几十年的历程。在改革开放40多年后的今天，我们在考虑农村金融改革的时候，必须从整个农村经济的全局来考虑，尤其是要站在社会主义新农村建设、乡村振兴战略、发展现代农业、城镇化建设等事关农村发展未来方向和趋势的高度，来考虑农村金融的改革。一直说经济决定金融，农村金融的改革当然不能就金融论金融。

前文说，一家一户式的生产方式，不符合现代农业发展的需要，也与城镇化的发展趋势相背离，同时，现在的农民也没有意愿重复那样的农业生产方式。但如果土地没有了，农民就无处可去，大量无业农民会给社会造成巨大的动荡。30年前，这样的考虑是完全有必要的。就全国大部分地区而言，现在是让农民脱离土地的最佳机会，也是农村人口城镇化的最佳时机。

新旧动能的转换，除了高科技领域的突破，很关键的一个领域是传统行业的转型升级。高科技也好，新行业、新产业也好，传统产业的转型升级也好，都需要高端人才的参与。而这些高端人才，往往都集聚在大城市。实体经济、传统产业却大多散布在广大的县域。另一方面，传统劳动密集型企业的生产方式，对新一代农民也开始失去吸引力，这就出现了经济下滑，工厂招工难、用工贵的现象。这也是这些年来，虽然各地政府付出了很大的努力，但民间投资依然不振，县域经济增长乏力，传统行业转型升级成效不彰的原因。

## 破题：全方位改革现代农业，激活实体经济

要突破这些局限，光靠金融是不行的。农村需要新一轮的改革，要实施乡村振兴战略，以重新激活农村市场，真正开启现代农

业的发展进程，并以此激活整个实体经济。

第一，要发展现代农业，就必须有大量产业资本进入农业。由产业资本按商业原则组织农业科研、种养殖、加工、销售等。即使是一家一户式的种养殖业，也应该是产业资本组织下的一家一户生产，而不是自产自销式的一家一户生产经营。在产业资本组织下生产，农户的生产会更符合市场需求、更有安全保障。

也只有产业资本的参与组织，才可能进一步建立主要农产品的期货市场，相应的期货、衍生产品、保险等金融工具才能进入农业及农村市场。这就需要国家出台政策吸引产业资本进入农业和农村。其一，农村土地三权分置已经确定，但需要可依据的法律和细则。要真正让农村土地流转起来，以促进农业的规模化生产。其二，对农民的优惠能否扩大到农业企业。比如，对农民免除的税费，是否也可以对农业企业免除。其三，可以参考其他发达国家对农业的补贴和保护政策。其四，吸引产业资本进入农业，政府只要出台政策和按既定的政策办理即可，不应搞运动式的招商引资。地方政府更不用搞产业规划和商业模式规划，尤其不能以行政手段干预农民与企业的谈判。简化政府职能，可以从农村土地流转开始。由资本和农民根据当地土地的状况、产业的特点，以市场化的方式来确定土地流转的价格、交易方式、交易期限、付款方式等。

第二，当产业资本进入农业、农村后，资本会依据相关农产品的种养殖、加工生产、消费及销售规律，形成相应的产业集群，围绕着这些产业集群，就会自然地形成劳动力市场、服务品市场。同时政府也应该围绕着这些市场提供优质的公共服务。个体及家庭创业，会在这个过程中找到可持续发展的空间。

第三，在一定时期内，需要出台一些政策，吸引科研单位、科技人才深入农村地区，开展传统行业创新、创业等，形成为传统行业转型升级的服务行业。另外还是需要财税等优惠政策。

由于产业资本进入农业、传统行业转型升级，生产方式会发生转变，因此会有更多适合于新一代农民就业的岗位出现。围绕着这些产业，也会产生更多的服务行业岗位。

第四，农村信用社要彻底明确定位。鉴于目前全国大部分地区的农村信用社和农商行的现状，应总体上明确商业银行机构的性质，再让它们依据商业原则自主发展。

第五，商业性金融机构应按市场化原则积极探索，支持产业资本发展现代农业、支持城镇化建设、支持传统行业转型升级的服务产品和模式。取消三个不低于[1]的指标，利率和价格完全市场化，各类金融机构根据自身禀赋和董事会策略，在竞争中寻求自己的发展路径。只有这样，金融才能真正起到有效配置资源的作用。必须说明的是，笔者并非否定农户贷款的业务形式，但这些农户所需要的金融服务，应是商业性的、可持续的。金融机构提供的服务，也应是商业性的、可持续的。上述互联网金融企业做的农户养牛贷款，就是非常好的案例。

第六，根据各地不同的情况和需要，成立部分政策性和公益性

---

1　即小微企业贷款增速不低于各项贷款平均增速，贷款户数不低于上年同期户数，申贷获得率不低于上年同期水平。

的金融机构，为少部分的确需要帮助的困难农户和企业提供支持与服务。

总之，进入新时代，需要以新时代的眼光来全面审视农村金融的未来。首先要审视农村金融的真实需求。所谓真实需求，不是指谁缺钱、谁需要钱，是指未来能产生效益的需求。所以，农村金融的改革、创新，要面向乡村振兴、面向农业现代化、面向城市化。需要进行一场新的农村经济改革，才能真正完成新的农村金融改革。而成功的农村金融改革与创新，其商业模式必须是可持续的。

# 消费金融的本质与风险管理

名不正则言不顺，对事物的正名是必需的，尤其是金融业务和产品。对金融业务的定位不准确，会造成业务和产品设计的错误、服务方向的偏差、风险管理的错位、监管逻辑的混乱。其结果，一方面，是正规做业务的认认真真地犯错误；另一方面，是违法分子浑水摸鱼，严重的还会造成巨大的社会风险。这些年，已经有不少这样的事例。

## 消费金融不等于普惠金融

普惠金融是指为弱势群体提供适当的、可负担的金融服务。而消费金融的服务对象，包括所有人群。

普惠金融包括各类金融服务，而不仅仅是贷款。消费金融，广义地说，包括贷款、保险等，内容比普惠金融窄；狭义地说，就是消费信贷。

就弱势群体而言，并不都适合贷款。有资金需求，不等于就是合理的、合适的需求。对于一些生活困难、没有经营能力的人群，可能更需要的是普惠保险，比如就业保险、医疗保险等。即使是一些人遇到临时生活困难，需要资金周转，这样的消费贷款，在整个消费贷款中的比例也是非常小的。这样的消费贷款业务，不应该也不需要大力鼓励和发展。

普惠金融强调的是服务群体，是社会责任，也是商业行为，必须是商业可持续的。消费信贷，则是贷款机构的业务种类，纯粹是一项商业业务。

把消费金融往普惠金融靠，可能是希望为消费金融披上道德的高尚外衣，是一种宣传手段。还有的可能是，希望以普惠金融的名义，获得监管的网开一面。更有甚者，是把非法业务包装成普惠金融以求得合法的地位。正是这类概念的混淆，导致本来正常业务的扭曲和社会风险的产生。这些年爆雷的风险往往都是这样的情况，以普惠金融的名义、以扶贫的名义、以互联网金融的名义等，不一而足。正名的意义，也正在于此。

## 要区分消费信贷的宏观作用和微观作用

就借款人而言，信贷的作用是在时间上提前配置未来的收入。在生产领域，可以提前进行扩大再生产。这样的提前，不仅可以比逐步积累的方式更快地实现扩大再生产，并且能够实现更大规模的扩大再生产。在消费领域，只是实现提前消费。

有人说，消费信贷可以改善人们的生活水平，这是错误的。人们生活水平的改善，只能建立在收入提高的基础上。个人，或者一个家庭，如果持续靠借款扩大消费，最终会导致经济上的崩溃。

消费保险，比如医疗保险、航空等交通意外险、车险、旅游意外险、家庭财产险等，一定程度上可以在心理上影响个人的消费意愿，但只是影响个人或家庭收入在消费和储蓄方面的配置，并不会实质性地增加消费。

更何况，没人会因为投了车险而冒着生命危险增加修理开支。

而用信用卡消费、移动支付消费，因为人们没有看到实物货币的支出，无意中会增加消费量。这也是一种心理作用。人们在使用信用卡的过程中早就有了这样的感悟，然而，道理虽然明白，但人们还是克制不住消费的欲望。现在，使用网上支付、移动支付的方式进行消费，就更克制不住了。但这还是个人或家庭收入在储蓄和消费方面的配置。如果我们说，一个人或一个家庭的收入终究是要花完的，那么个人和家庭的总消费依然没有超出收入水平。

在宏观上，因为消费贷款的作用，一些产品或服务的需求提前了，就会造成一定时段需求扩大的现象。为了满足这提前到来的需求，企业需要增加投入，扩大生产，也因此可能增加就业，可能增加部分居民的收入，从而进一步促进消费需求的增长。从这个角度讲，消费信贷有利于促进消费、扩大内需。

但这只是宏观上的效果，并不一定会体现到每一个消费贷款借款人的身上。个人和家庭的消费需求是否扩大，依然取决于特定个人和家庭的收入，包括现有的和未来可能的收入。所以，不能简单地把消费信贷在宏观上起到的扩大需求的作用套用到具体的一笔贷款业务上。

消费信贷在宏观上虽然有一定扩大需求的作用，但肯定不是扩大需求的根本动力，个人消费需求增长的根本动力一定是收入的增长。所以，不能把消费信贷当作促进消费、扩大内需的常规宏观调控手段。如果经常性地把发展消费信贷当作促进消费、扩大内需的手段，当人们负债到了一定程度以后，不仅会增大银行系统的风险，而且会造成需求的整体坍塌和收缩，对宏观体系的危害将会非常大。

消费贷款作为一个业务种类，是大力发展，还是稳健发展，应该是经营机构的决策。发展还是不发展，市场都在那里。发展金融科技也是如此，无论提倡不提倡，市场都在那里，竞争也都在那里。没有哪一级政府会为了金融机构开展消费信贷、发展金融科技而建立发展扶持基金。只要有市场，金融机构就有能力投入资源。

普惠金融和中小企业的转型升级就不同。一个是服务的对象是弱势群体，一个本身就是弱势群体，他们本身的资源和能力有限，所以需要扶持。事实上，政府有意愿也有责任投入资源进行扶持。

## 消费信贷的风险管理

贷款的风险，在于借款人没有还款能力。就经营性贷款而言，主要是借款人的经营能力，这需要对借款人行业、产业、技术、产品、市场前景、投入产出水平、经营管理等做一系列评估。

而消费性贷款，主要是评估借款人的收入水平。个人收入水平的决定因素很多，比如借款人的知识水平、技能、借款人就业机构的发展前景、借款人在该机构的发展前景等因素，这些是很难进行测算的。所以只能在借款人现有收入水平的基础上进行简单预估。因此，借款人的收入水平，是消费贷款额的刚性约束。

借款人的还款意愿，或者说借款人的信用，也是贷款风险的重要方面。然而，一个人的还款意愿最终是受还款能力决定的。一个借款人有再好的信用记录，有再高的道德水平，当贷款额超过了他的还款能力时，他还是还不了贷款。从行为学的角度说，一个人的道德水平或道德底线，并不是恒定的，会随着环境的变化而浮动。一个年收入5万元的人，当你给他50万元、100万元的消费贷款时，他如果接受了，那么这50万元、100万元很可能会冲毁他的道德底线。

所以，合适的贷款额度是保证贷款安全的基本前提。

合理的消费用途和可监管的资金流向，是贷款安全的又一保障。正常的消费，特别是需要靠未来积累的大额消费，比如房屋按揭、装修、家具、教育、旅游等，这些是消费贷款的主要用途。还有一些临时性的生活资金应急周转，比如医疗等。

一个人、一个家庭的日常消费，如果常年需要借款维持，这样的贷款风险是很大的。这样的人和家庭，应该去申请社会救济和补助，而不该作为消费贷款的对象，甚至也不是普惠金融中的贷款对象。再比如，赌博、吸毒等，毫无疑问不应该是消费贷款的用途。还有，非理性消费造成的拆东墙补西墙的需求，同样不应该通过消费贷款得到满足。监督贷款资金流向，是确保贷款被用于合理需求的重要手段。

尊重最终还款人的意愿，是贷款人的道德责任，也是监管部门的职责。借款人和还款人一般来说是同一个人,借款时当然会表达还款的意愿。如果有担保人,担保人也可以说是最终还款人,签下担保合约,当然就表达了还款意愿。

这里要说的是校园贷或学生贷款。学生是没有收入的人群,同时又是消费活跃人群,也是容易非理性消费的人群。他们的最终还款人实际上是家长。一些学生消费需要贷款,可能是因为家庭比较困难。但如果向这样的学生发放贷款,对他的家庭而言可能是雪上加霜,而不是雪中送炭,同时也使贷款机构的贷款处于风险之中。

有些学生家庭条件很好,是能够满足日常的消费需求的,但家长有自己的教育理念和方式,想培养孩子勤俭节约的习惯,不想让孩子铺张浪费、非理性消费。向这样的学生发放贷款,贷款人等于是破坏了家长的教育方式和计划。

校园贷的风险,虽然与无良高利贷有关,但即使是银行等持牌机构,在历史上开展校园贷业务的风险也是比较高的,原因就是没有很好地考虑到学生背后的最终还款人。所以,无论是学生贷款,还是其他贷款,对于自身没有还款能力的贷款人,必须征得最终还款人的同意。这是贷款人的道德责任,也是监管部门的监管责任。

应用金融科技必须遵循金融规律。金融科技只是金融机构提供合法金融服务的工具,并不是金融服务本身。

有人说,利用金融科技可以解决"融资难、融资贵"的问题,这是不符合逻辑的。金融科技的恰当运用,有助于贷款人更有效、更精准地评估借款人的风险,在一定的闭环内有助于贷款人控制借款人的还款风险。但金融科技不可能改善和提高借款人的还款能力，也不可能提高借款人的道德水平和信用水平。所以，金融科技并不天然具有控制所有信贷风险的能力。把信贷风险管理完全寄托在金融科技上，本身就是巨大的风险。

因此，金融科技应该有助于贷款人更好地鉴别不该获得贷款的人，让不该得到贷款的人更难贷款。要做到这样，就必须遵循金融的基本逻辑。

"融资贵"的根本原因，是资金的市场供求关系决定的资金成本和借款人的风险溢价，这也不是金融科技能解决的。金融科技的恰当运用，可以帮助贷款人提高决策效率，降低管理成本，从而使借款人更加方便地获得贷款，但这在贷款成本中是非常有限的。

# 金融科技与高估值幻觉

近年常有朋友跟我说:"投资就是投未来。搞投行的与你们做银行的不同,投行是看未来,你们商业银行是看过去。"很简洁而有力的语言和逻辑。银行的未来没有想象空间,所以估值很低,而那些科技公司未来有巨大的想象空间,所以即使烧钱,也有很高的估值。

商业银行只是看过去吗?不是。银行发放贷款是基于借款人未来能够归还贷款本息。也就是说,银行发放贷款,也是看融资人的未来。银行在信贷评估中,分析客户的过往和当下,是为了更好地展望客户的未来。即使是对一些初创企业和有困难的客户,银行依然是基于对未来的评估来决定是否发放贷款。

做金融业务,并且大赚其钱的银行,在股市上的估值始终低迷。亏钱的科技公司,在股市上的市值却屡创新高,还拼命要做金融业务,或者说是炫耀自己在做金融业务以抬高估值。这是股市中令人费解的现象。

有专家说,股市的高估值是未来价值的折现。还有故事讲,有一对青年才俊学成归国创业,因为技术有巨大的发展前途,他们很快吸引来一轮又一轮的投资,一时间,两人宝马香车加别墅,喜结连理度华年。年轻人的父辈看不下去了,教训孩子要艰苦创业。专家站出来对父亲说,这就是股票市场的奥妙,可以把企业未来的价值变现;因为你儿子的技术在未来有很大的价值,被市场认可,就有了很高的估值,所以他们就能在今天提前享受未来的成功。

股票是未来价值的折现或对未来的定价。单纯从理论上说,这句话没有毛病。问题是,未来是多久?一年?五年?十年?还是三十年?如果以银行短浅的眼光看,融资人的还款能力长期看好,近期收益能够确保,即使有波动,甚至有暂时的亏损,也是可以接受的。但股票投资人呢?我相信他们绝不会为了等待十年后的收益而不顾近期的回报。

无论是近期回报,还是未来价值的折现,都需要融资人融资后通过经营产生效益。融资,不论是股权融资,还是债务融资,目的是可以帮助融资人提前达到经营规模或者扩大经营规模。但这个提前的时间长短和扩大经营的规模,是受融资人的经营能力和技术运用能力限制的,而不仅仅是融资人所掌握的技术。

一个初创公司,创业者拥有非常前卫的技术,只是没有足够的资金,企业无法达到应有的经营规模,创业者也没有足够的资产可以向银行申请抵押贷款。这时,创业者希望引入投资人,但又不希望自己的股份被稀释。创业者总是梦想自己的公司能够公开上市。这是一个老套的故事。假如,在初创阶段,企业需要投资100万元,而创业者只有10万元,却希望自己依然能控制70%的股权。这样,假如企业要作价300万元。先不算企业当前值多少钱,就创业者本身的投入而言,已经放大了20倍。估值高,当然说明技术好,前景好。就这样,作价300万元,实际投入100万元,即使马上满负荷经营,效益好的情况下,也决计产生不出300万元投入的回报。但对于投入90万元的天使投资人而言,期待的回报至少是300万元投入所产生收益的30%。天使投资人当然不会满足于这样的回报,他们更希望的是自己的投入能有成倍的回报。于是讲故事、包装,要求企业即使亏损也要把业务量增幅做上去,按这样的增幅计算未来五年、十年的增长,再以此推高估值,300万元就估值为1000万元了,再引进A轮、B轮投资。假设此时实际到位资金2000万元,但企业的技术成熟度和经营者的经营能力,只能维持150万元的投入规模,这多出来的1850万元怎么办?首先,很有可能就是买香车宝马;其次是建办公楼;再就是硬性扩大经营规模。前两项,是撑门面,后一项,是为新故事背书。每一轮投资人,并不在乎企业当下的盈利分红,期待的都是进一步拉升估值。每一轮引入投资,也意味着实际投入的资金与估值之间的差距越来越大,对于经营者而言,已经是小马拉大车了。这个时候,只能超越技术阶段、超越当前的经营能力,非理性地扩大经营规模。再进一步,就是各种眼花缭乱的并购了,不断用新故事维持并推高估值。最后还是不行,就剩下做假账了。

这样的经历,不仅新兴技术的初创企业有,一些经营成熟的传统企业为了能高估值上市,也走上了这样的不归路。

还有一种"弯道超车"说。特别是科技公司以流量为王,认为流量就是价值,因此,他们以迅速低成本扩张的新商业模式,快速获取客户和流量,打垮竞争对手,实现超越,然后在垄断市场的情况下调整价格实现盈利。不得不说,"弯道超车"也是一个具有迷惑性的说法。弯道当然可以超车,但弯道超车依然是强者的游戏,绝对不是弱者的制胜法宝。只有当你的车速大于领先车的时候,弯道超车才能真正成功。凡是靠烧钱赢得市场的,一定不能持久,因为烧钱不是真正的核心竞争力,或者说不是实质性的竞争力。更何况,市场上的商品和服务,竞争的不仅仅是价格,甚至有时也不仅仅是质量。为了维持流量的增长,一些互联网平台进行降维打击。结果,几乎所有金融科技公司也都开始降维打击,降低信贷准入门槛,向不适合借款的人群提供贷款,进而酿成巨大的社会风险。建立在这种发展基础上的高估值,真是如梦幻泡影。弱者想弯道超车,不仅不能,反而会走入弯路和歧途。

一位创办金融科技公司的年轻人跟我说,他的理想就是他的公司能以多少倍以上的估值上市。我问他:"你是打算上市后变现退出公司,还是一直把公司开下去?"他看着我,露出很犹疑的表情。我说:"你不用跟我装崇高,怎么想就怎么说。"他说:"我当然希望能够把公司做下去,实现创办一家伟大公司的理想。但是,如果能够以很高的估值卖出去,也不妨先把钱赚了。毕竟,未来是不确定的……"我说:"人各有志,这很正常,也许赚了第一桶金,你就会有真正的辉煌。但目标一定要明确。打算先落袋为安,当然估值越高越好。如果自己要把公司做下去,一定不要追求高估值,值多少就估多少,当前需要多少投入就募集多少资金。毕竟,投资人是要回报的,如果公司只值5万元,却估值为50万元,投资人就会按50万元的投入要求相应的回报。投资人如果帮你把估值吹得更高,但他却退出了,就只剩下你自己继续奔跑了。你跑得动吗?高估值会把你逼疯的。"

现在许多一级市场的投资人,他们的资金来源都是债务资金、短期资金,注重的是短期能够退出。他们是所谓未来价值折现的收割者,但并不陪伴企业走向未来去实现未来价值。一定意义上说,许多天使轮、A轮、B轮的投资者自身的角色定位是不清楚的,基本上与二级市场上炒波段的投资人差不多,只是面对的场景有所不同,做法有所不同而已。

在一个市场上,参与者如果自我定位错误,其行为方式和逻辑必然会变异,从而导致市场的扭曲。这可能是我国资本市场各种乱象的根源之一。

融资人融资的目的是将融得的资金投入经营,通过经营达到盈利目的。现在,许多资本市场融资人把融资本身当作赚钱的途径,企业的经营只是获得融资的手段,经营当然会变异。资本市场融资人始终要明白,在资本市场募得的资金虽然是股权资金,不用归还,但并不是白得的资金,是要通过经营给予投资人回报的。

各轮投资人的原意是看中企业的未来价值才投资企业,他们帮助企业提升经营能力,待企业实现价值后退出并获取收益。现在,他们直接奔向未来价值,甚至应用各种手段炒作,推高估值,并以最快的速度退出。也因为如此,本该应用长期资金的各轮投资人,敢于高杠杆高成本募集短期债权资金做股权投资,以至于险象环生。如此,企业要为股东负责的表述也应该修改了。持有股份的股东并不是同质的,有的是要与企业长情陪伴的,更多的则是逢高退出。对于后一类股东，经营者根本不该对他们负责。

近来一些国家在重新审视管理层股权激励问题，原因就是，当股权激励的刺激程度过高，管理层把工作重点由企业经营转向市值管理，导致经营的扭曲或弱化。

养老基金之类的基金进入股市，有利于这类基金的保值增值，也有利于活跃股市。但如果这类基金的保值增值主要依赖于股市，如果一个国家老百姓的生活很大部分依赖养老基金之类的基金，那么股市的波动就可能成为国家不成文的经济目标。这时，推高股市就成了单纯的目的，而不是经济发展的结果。

理论上，股票市值是对未来的定价，或者是企业未来价值的折现，是建立在企业用募集的资金投入经营可以在未来获得相应回报的逻辑上的。但现实中，各类市场参与者的目的不尽相同，大多数并不是企业的同路人。更何况，对股票的定价还会受到当时市场流动性、利率变化的影响。当然，我们可以说，市场最终会让价格与价值相符。但这跟没说一样，当市场最终让一支曾经被炒上天的股票价格归零时，有多少投资人已经获利离场，留下的持有人已经面目全非。对于过程中每一个参与者而言，这样的所谓为未来定价是不成立的。

如果股票市场中充斥着这类严重偏离企业基本价值的高估值股票，股票市场的演化逻辑就已经脱离了股票价格是反映企业经营状况的原始逻辑，股市是经济的晴雨表这一理论恐怕也需要重新审视了。

# 创新结算模式，促进金融科技的颠覆性应用

金融创新需要创新的是金融工具、金融产品和金融服务方式，因此，需要符合金融逻辑和金融规律。技术只是帮助实现金融功能，并展示技术的效用。

科技在金融领域的应用是广泛的、多层次的、多面向的，因此，其中的创新也是丰富多彩的。但总体而言，金融利用科技的创新，大多数还是操作层面的创新，真正金融业务本身的技术创新并不是很多。

第一，以计算机技术为基础的金融科技，在金融领域最初的应用，都是人工替代型的，比如服务于账户体系、核算体系的核心系统等。由于技术的应用代替了人工，带来了部分操作流程的创新，提高了金融机构的运行效率。然而，操作流程的创新不等于业务模式的创新，账户体系只是改变了账户的载体、储存的方式等，账本由纸质的变为电子的，储存由物理的变为电子的，记账与核算由人工操作改为计算机操作，但记账规则和核算规则一点都没有变，各类业务的会计分录也一个没有少。

第二，是在业务渠道创新型的应用。最初银行的网上银行业

务、网上股票交易业务、第三方支付、网上保险销售、网上理财产品销售、各类网上缴费业务等，所有这些业务，除了业务办理渠道改变，并因此带来操作方式的改变外，金融业务本身并没有改变。

投资人通过互联网进行股票交易，中国应该是最早的一批，早就淘汰了"红马甲"经纪人这一行业。这样的创新，提高了股票交易的效率，降低了交易成本，加快了股票交易的交割清算速度，对股票市场的发展是有重大作用的，但并没有改变股票交易的模式，中国内地的股票市场也并没有因此比之前有"红马甲"经纪人的香港股票市场更先进。股权分置、客户资金账户第三方存管、注册制、股指期货等，虽然与科技无关，却是真正的金融业务和模式创新。

第三方支付的横空出世，促进了我国网络经济的蓬勃发展，引领了世界潮流，毫无疑问是伟大的创新。就创新的领域说，属于服务渠道、业务渠道的创新，而不是业务模式的创新。就业务而言，第三方支付就是账户清算，银行在做，集团企业财务为集团内各企业做结算的也是这套体系和记账规则、核算原则。第三方支付的成功，说明金融科技创新需要面对真实的市场有效需求，包括现实的需求和潜在的需求。

金融科技应用的第三类创新是管理分析类。这类创新除了人工替代、渠道创新，还有一定的操作方式创新，如智能风控、量化交易、高频交易、各种自动撮合交易方式等。细究业务底层，并没有业务模式创新，也没有金融工具创新。

金融科技应用的第四类创新，是全面的创新，既有人工替代操作流程的创新,也有业务渠道的创新,还有管理分析的创新,更有业务模式的创新。这类业务模式创新,没有现在金融科技的发展是不太可能成为现实的。比如人民银行的大额支付系统、小额支付系统、银联清算系统等,不仅节省了所有银行在联行清算方面的人员投入,也改变了联行清算渠道,提高了监管及银行自身在联行清算方面的分析管理能力,更是改变了传统银行间资金往来的联行清算模式。

回顾金融科技发展的历程,可以看到,首先,金融科技主要是在人工替代,从而在操作流程方面、业务渠道、管理分析领域实现了巨大的创新。其次,成功的金融科技创新,往往都是对市场真实的有效需求的响应,这些需求,有现实的,也有潜在的。P2P、现金贷之类虽然需求很大,但不是有效需求,即没有还款能力的贷款需求。这些需求,不仅不是现实的有效需求,也不是潜在的有效需求,是自有人类文明史以来就一直存在的无效需求。再次,从业务实现角度而言,金融科技创新实现的主要是支付结算功能,即使是交易业务、信贷业务,金融科技在其中实现的主要是交割清算,资金的触达。当然,方便查询、统计分析、客户体验等,都是金融科技创新实现的功能,但实质性的金融业务本身,主要还是提供了快捷、方便、全新渠道的支付结算。

当下,数字经济蓬勃发展,金融科技的广泛应用已是必然趋势。厘清金融科技在不同应用中的创新内容是很有必要的,有利于在今后创新中更具针对性。应用金融科技创新,除了各类金融机构在不同领域研究金融科技的应用外,更需要在整个市场和社会层面研究金融科技的突破性应用。打破信息孤岛，利用多种信息，通过大数据、人工智能等技术，提供信用评估等，就是很好的案例。

目前，经济中一个非常突出的问题是杠杆率过高。无论是总的杠杆率，还是企业、居民的杠杆率都非常高。就企业而言，在高杠杆率的同时又面临着资金链紧绷，民营企业、小微企业这方面的情况往往更加严重。社会上一般把这个现象归结为"融资难"。我认为这个结论下得太简单。实际上，企业的应收款量非常庞大。据官方数据，2019年年底，我国规模以上工业企业应收票据及应收账款总额达17.4万亿元，这还只是工业企业有统计的数字。同期社会融资余额251万亿元。政府部门、大企业拖欠了大量过长账期的应付款，而且还不愿意确权，为被拖欠企业提供应收款融资方便。但是，企业即使能获得应收款融资，只会进一步提高杠杆率，增加负债成本，并不能实质性地解决资金链紧绷的问题。更何况，从全社会的角度说，这类融资是无效融资，还有形成系统性金融风险的隐患。如果能有效减少这类不正常的应付款或应收款，可以降低社会和企业的杠杆率，一定程度上解决企业资金链紧绷问题，释放被无效占用的信贷资源，消除部分系统性金融风险隐患。

应收款的结算，是由收付双方进行的。如遇到付款方支付困难或恶意拖欠，收款方只能诉诸法律。这对于中小企业来说，时间成本和诉讼成本都是难以承担的，何况即使胜诉，资金也不一定能及时收回。更重要的是，中小企业应收款的债务人一般都是企业的主要销售对象，是大客户。为了留住大客户，中小企业只能忍受恶意拖欠。一些大企业甚至在挤压中小企业流动性的同时，还开办财务公司、小贷公司或保理公司，给这些中小企业提供以自己的应付款为保证的融资业务。表面上解决了中小企业的流动性，实际上是抬高了中小企业的杠杆率，增加了中小企业融资成本和经营风险。而大企业却又在挤占中小企业流动性资金的基础上，搜刮了中小企业的融资利息。前些年，一些中小企业主发出了废除商业汇票的呼吁，虽然不专业，但也反映出他们因资金被严重拖欠的无奈与烦躁。2020年，国务院出台了《保障中小企业款项支付条例》，执行效果如何，恐怕有回头看的必要。

中小企业受应收款困扰，大型企业相互拖欠的问题也不遑多让，其中还有相当数量的地方政府部门和政府平台的应付款。前段时间网上流传着一封某省大型房地产企业因资金链紧绷而写给政府的求救信，信中提出了许多具体请求，第一条就是请求政府出面协调各级政府部门归还几十亿的应付款，却没有一条是请求政府出面协调银行给予贷款。

保理公司买断应收款业务，可以给企业应收款变现，提供融资的同时，不增加企业的杠杆。但保理公司业务还是基于债务人的信用，所以对于这类广泛存在的恶意拖欠，保理公司也是爱莫能助。

企业之间环环拖欠，一定程度上重现了20世纪90年代的三角债现象。但不同的是，当年三角债主体主要是国有企业，法律关系简单，企业数量相对有限，处理三角债可以行政主导。而现在有各种企业所有制，法律关系复杂，用一笔启动资金，在行政主导下一笔一笔串联式清理，即使没有风险，恐怕很难保证在短时间内完成。更何况，旧的没清理完，新的又会产生。

消除不合理应收款，可以说是当前经济金融领域最重大需求之一。一方面需制定有关准时付款的法律，约束企业在交易中的付款行为；另一方面需利用新兴金融科技创新支付结算方式，有效实现应收款的按期清收。这需要有支付渠道创新，更需要结算业务模式的创新。可以考虑建立"应收款社会化净额清算平台"。

首先，由原来企业对企业收付双方之间的支付结算，改为由平台社会化清算。在现有模式下，虽然有银行作为中介进行结算，但银行只是依据双方的指令办理业务，没有委托不能主动为企业提供清算服务。在新模式下，由于金融科技的应用，企业签订交易合同后，可以将交易合同和各自的应收应付金额与协议接入平台，生成智能合约。当应收应付款到期时，各项条件若符合，平台会自动进行清算。如果平台应用区块链技术，就可以理解为企业应收款、应付款科目上链。

其次，由对应企业的应收应付款逐笔结算改为由平台对所有企业的应收应付款进行逐笔销账、净额清算。这个模式的原理与现在大额支付系统、银联清算系统等类似。不同的是，大额支付系统面对的是银行机构，银联清算系统面对的是银行机构和商户，而该平台则面对所有企业进行直接清算。在这样的清算模式下，一个企业每天的应收应付资金的进出，只需要轧差后按净额收或付即可，不需要对每一笔应付款进行支付，对每一笔应收款收取资金。

这样做的优点有：

第一，确保企业应收款、应付款入账，真实反映企业资产负债状况。由于利用相关金融科技，企业账户的相关内容必须与平台系统对接,没有入账的应收款、应付款无法接入平台。同时,接入平台的应收款、应付款必须将相对应的交易合同接入平台,以确定应收款和应付款的对应关系。这可以消除一些企业利用应收款科目和应付款科目进行财务造假的行为。

第二,因为应用智能合约等技术,不需要企业指令,平台即可自动执行应收应付结算合约,杜绝付款企业恶意拖欠的可能性,而收款企业在及时收到应收款的同时则节省了追讨应收款方面的管理成本。

第三,真实全面反映企业的信用状况。有这样的平台,实际上就可以将应收款、应付款的支付执行情况纳入企业征信范围。通常情况下,企业贷款、债券等债务的违约才会成为公开的失信行为,市场往往关注的就是这类债务违约行为。对企业应付款的恶意拖欠和违约,只要没有形成法律风险,市场一般很少关注。从近来一些爆雷企业的情况看,这方面的失信信息也是不可忽视的。

第四,因为是净额清算,可以大量减少资金的往返划拨,节省大量的社会运行成本。同时,对于具体企业而言,可以根据自身应收应付情况准备备用金,而不需要为每一笔应付款准备资金,从而提高企业资金的使用效率,减低财务成本。

第五,可以制定具有可执行性的制度办法,约束企业的交易行为。比如,对于不合理的应付款占比和不合理的应付款账期,需要相关法律和规章制度的配套约束。可以对企业应付款占比确定最高标准,一旦达到最高标准,平台就自动拒绝新应付款交易的生成。对应付款账期,也可以做出相应的规定。再如,对于企业没有备足结算准备金的行为，根据具体情节给予不同程度的处罚，直至暂停平台为其服务。这将影响企业一定时间内的经营，甚至企业的生存。此外，还应该将企业应收应付行为公开化，让企业的信用暴露在阳光下。只要平台运行良好，企业在平台上的信用表现，就会成为影响一个企业市场接受度的重要指标。同时，这也是社会监督企业社会责任的一个重要方面。

第六，这一创新将大大减少全社会应收款总量，降低社会和企业杠杆率，加快社会资金流通速度，减少信贷资源的无效占用，同时降低因应收款相互拖欠造成的资金链断裂风险。

现在有各种以应收款做质押的融资尝试，虽然起到了缓解资金链紧张的矛盾，但提高了企业和社会的杠杆率。这与票据贴现融资和保理融资不同。商业汇票实际上就是应付款的票据化，区别是票据可以作为支付手段流通，票据贴现是债权的转移，融资并不增加社会的债权债务，不会提升杠杆率。保理是买断债务，同样不增加社会的债权债务，不会提升杠杆率。应收款质押融资，则不是债权的转移，而是在原有债权债务基础上增加债权债务，因而会提升社会和企业的杠杆率。

"应收款社会化净额清算平台"必须接入企业、银行的系统，有交易信息和资金信息的传输，资金往来的轧差清算等复杂程序，需要建设专门的公共服务平台。可以考虑新建机构提供服务，也可以考虑由现有机构，如票据交易所、银联等机构承担这项功能。

"应收款社会化净额清算平台"不是融资平台，而是应收款的高效清算平台，在提高资金流通速度的同时，并不增加企业和社会的债务总量，既是金融科技应用的创新，更是支付结算业务模式的颠覆式创新。这一创新，不仅会改变应收款的清算方法，还会影响票据等一系列企业间的支付结算行为和模式。由于支付结算牵涉面广，平台需要接入所有企业和银行，需要多种技术共同发挥作用，因而，在金融科技应用创新方面，也将是颠覆性的。

第三章

# 金融业务的创新与监管

# 民间借贷适用法律的逻辑

2020年8月，最高人民法院（以下简称"最高法"）修改了《关于审理民间借贷案件适用法律若干问题的规定》（以下简称《规定》），对民间借贷利率司法保护最高限做了新的规定，各种解读与评论随之纷纷出现。之所以有不同的评论，与立场不同、角度不同有关，更与逻辑不同有关。舆论的关注点大多数集中在借贷利率15.4%的最高限是高了还是低了。但我觉得更应关注的是《规定》对民间借贷和本规定适用范围的界定。

首先，最高法是不是设定了借贷利率法定最高限？许多评论都是基于最高法设定了法定最高限进行评论的，比如影响了利率市场化，民营企业、小微企业融资会更难更贵，普惠金融无以为继等。

实际上，这次最高法只是设定了民间借贷利率司法保护最高限，并没有设定借贷利率的最高限，即没有规定借贷利率的法定最高限，也就是最高合法借贷利率。这与世界上有些国家和地区规定借贷利率最高不得超过36%或60%等是不同的。

从逻辑上说，根据最高法的新规定，作为民间借贷，只要你情我愿，利率多高都是不违法的。只是如果双方出现纠纷，诉诸法律，人民法院只保护贷款市场报价利率（LPR）4倍以内的利息。

其次，对司法保护民间借贷利率最高限的计算方法也做了调整，是LPR的4倍。按《规定》发布后的LPR利率计算，是15.4%。许多人把15.4%当成了法定最高利率。不得不说，这也是犯了逻辑错误。

LPR是随着市场资金供求浮动的，即最高法并没有规定一个固定的司法保护民间借贷利率上限。司法保护的民间借贷利率上限是浮动的。由此推论，司法保护上限在逻辑上是隐含着市场化的。需要讨论的实际上应该是，按LPR的4倍合不合适，而不是15.4%这个利率是高了还是低了。

再次，有人说这个规定会严重影响金融机构对民营企业和小微企业的融资意愿，也严重影响利率市场化进程，是一种新的利率管制。实际上，这次对规定的修改很明确，只适用于民间借贷，并且明确表示了"经金融监管部门批准设立的从事贷款业务的金融机构及其分支机构，因发放贷款等相关金融业务引发的纠纷，不适用本规定"。

也就是说，LPR的4倍对金融机构的贷款利率没有约束作用。不仅没有约束作用，也不是司法保护的上限。什么意思？前文说民间借贷，只要你情我愿，并没有利率的法定最高限，只是发生纠纷时法院只保护LPR4倍部分的利息。这些对金融机构不适用，金融机构按监管要求制定利率政策，并按此政策与客户谈判确定贷款利率。所以，逻辑上并不影响利率市场化进程。

最后，这次规定的修订，对什么是受法律保护的民间借贷，什么不是受法律保护的民间借贷做了界定。"本规定所称的民间借贷,是指自然人、法人和非法人组织之间进行资金融通的行为。""具有下列情形之一的,人民法院应当认定民间借贷合同无效:(一)套取金融机构贷款转贷的;(二)以向其他营利法人借贷、向本单位职工集资,或者以向公众非法吸收存款等方式取得的资金转贷的;(三)未依法取得放贷资格的出借人,以营利为目的向社会不特定对象提供借款的;(四)出借人事先知道或者应当知道借款人借款用于违法犯罪活动仍然提供借款的;(五)违反法律、行政法规强制性规定的;(六)违背公序良俗的。"

这些规定实际上将合法民间借贷限定在了一个非常有限的范围内,有利于防止将民间借贷泛化。

第一条限制了利用金融机构贷款做转贷业务,这包括一些国有企业和大型民营企业。

第二条表述也很清楚。前两条合在一起,基本是确认了民间借贷的资金一般应该是出借人的自有资金。进一步推论,合法民间借贷出借人的资金成本几乎是零。当然,从经济学的角度说,依然有机会成本、管理成本等,但无论如何,不应该说"许多民间借贷出借人将因为15.4%的利率限制而产生亏损,因为它们的资金成本已经非常高了"。

资金成本,是指这些机构的资金从其他渠道借贷的成本,而这恰恰符合新规定关于"借贷合同无效"的第一和第二条。所以,依据新规定,以出借人的资金成本来论定15.4%是否太低,是文不对题。

第三条非常关键,与人民银行、银保监会要求经营金融业务必须取得牌照是一脉相承的。也就是说，那些以民间借贷、小微金融、普惠金融、消费金融名义无牌经营贷款业务的机构或个人，其贷款行为都是非法的。

那么，这已经不是15.4%的限定影响它们盈利的问题了，它们的借贷合同都是无效的，根本不受法律保护。它们退出信贷市场，是法律和监管的问题，至于它们退出是不是影响对小微企业的信贷供给，则是另一个逻辑的问题。

比如前几年的P2P等互联网金融刚出现时，许多人呼吁要保护创新，因为有利于普惠金融、有利于解决小微企业融资难等问题，于是提倡要容许犯错，不要监管。等真正出现问题，许多人又说，是因为监管缺位。

逻辑上，发展普惠金融、解决小微企业融资难，或许需要对监管、对规则做一些修改和调整，但发展创新型产业并不总是和监管、和规则有矛盾的。不能只要有利于普惠金融、有利于解决小微企业融资难，那就无法无天了。

我们在现实中有太多这样毫无逻辑的目的决定论、道德决定论叙述，然而程序的合理合法，可能更有利于目的的达到和道德的实现。既然机构有意愿、有能力发展普惠金融，为小微企业提供融资服务，那就应该取得牌照合法经营。所以，因为15.4%而为那些非法放贷的机构"叫屈"，实在没有必要。

也有人说，因为这样的限制，许多民间借贷会被挤压，不得不转入地下，小微企业只能寻求更高利率的地下民间借贷。这个逻辑有点混乱，如果法律禁止民间借贷，那么才有所谓地上地下的问题。如果法律不禁止民间借贷,需要转入所谓地下的,只能是法律不给予保护的非法借贷。

我们不能因为有地下钱庄的存在,就应该让地下钱庄合法化。而且,如果小微企业到了只能依靠高利贷续命的程度,大多数情况下,这样的企业是要被市场淘汰的。即使这样的小微企业能找到地下高利贷,一旦发生纠纷,对这样的借贷合同,法律依然是不予保护的。更何况那些以普惠金融的名义引诱无还贷能力的弱势群体过度借高利贷的机构,本就属于"违背公序良俗"的范畴。

有经济理论认为,在人类历史上,长远看,管制利率最终都是失败的,有道理吗?很有道理。但这个理论无法解释为什么在漫长的人类历史上,无论东方西方,无论什么宗教文化,都反反复复地推行管制利率的举措。即使美国,也是20世纪70年代才开始实行利率市场化的。如果没有人类历史上这样的反反复复,这个理论也就不成立了。

但是,换一个视角看,我们也可以说,人类历史上放弃管制利率没有一次是成功的,因为每一次放弃利率管制,最终都被利率管制取代了。苏东坡所谓:"盖将自其变者而观之,则天地曾不能以一瞬;自其不变者而观之,则物与我皆无尽也。"人类社会的事物不是单面向的,需要看"无尽",也需要顾及"一瞬"。

先人们并没有那么傻,明明知道要失败,还反复要管制借贷利率。虽然长远看,利率管制会失败,但在那一个短时期,不管制,社会就可能立即走向崩溃。就如同均衡,长远来说,市场最终一定能达到均衡,但在达到均衡前的漫长过程中,是强烈震荡的不均衡。

在人类历史上，达到均衡是长期目标，往往不仅是市场的作用，而且可能还是危机、灾害、瘟疫、难民、战争等的作用。所以，为了避免社会的崩溃，那些看来终究要失败的手段不得不反复使用。

人类经济史和经济常识同样告诉我们，无论是个人生活，还是企业经营，长期、大面积依赖高利贷是无法维持的。所以，当一个社会在一定时期高利贷达到一定规模，窒息经济，甚至影响社会安定的时候，人们就会以道德的名义打击高利贷。

从来没有纯粹的经济现象。作为一门学科，进行纯理论的研究非常必要。比如，理论物理学、基础物理学的研究非常重要，但这些理论并不能直接产业化和商业化，中间还需要有过渡性的研究。

同样，经济理论，我认为至少应该有两个层面：一个是对经济现象进行纯抽象的解释，可以说是根本性的、终极性的、普遍性的理论；另一个是应用层面的理论，它是随着经济形势的变化、经济结构的变化、经济运行的变化而不断变化的。

作为纯粹的理论，可以把市场看作是一个只有供求关系的纯粹市场，但现实的市场一定是在规则下的市场，供求关系是依据规则在起作用的。同样，经济学假设人是理性、自私的，始终追求自身利益的最大化，人性自私经过市场的作用会导致社会群体利益的提升。

然而，现实中，人并不总是理性的，市场并不能将人性导向善的结果，所以现实的市场需要规则，更需要规则的执行。而规则，又会带来一系列争论不休的问题。更何况,经济是社会政治中的经济、军事冲突中的经济、国家和地区竞争中的经济,当经济学要研究现实,为现实世界出谋划策时,就不能简单地以纯粹理论来评判现实中的政策,而是要解释这些政策现象背后的原因、社会基础,在这个基础上进行评判与出谋划策。我想,最高法在这个时候修改《规定》,一定是有客观的社会背景。

很快,就有法院以LPR的4倍来裁定一家商业银行起诉的借贷纠纷,一下子引起舆论的轰动。这个案件最终结果如何尚不清楚,但目前法院的判决已经具有标杆意义。如果上诉,上一级法院的判决将更具经典意义。这一判决足以影响今后的中国金融市场,乃至整个经济市场的演化。

那时,才能体现这一法律的现实效果,是有利于市场在资源配置中发挥决定性作用,还是压制了市场对实体经济的信贷供给。这又引出了一个逻辑问题,即立法的逻辑和执法的逻辑。我们讲依法治国,立法很重要,但执法更重要。法律有缺陷可以修改,但执法混乱,再好的法律文本也没有用。人们对规则没有明确的预期,对法律也就没有敬畏之心。

法律总体上需要有稳定性,同时需要与时俱进,这是立法的逻辑。执法,必须始终保持稳定,即始终严格按照现行法律执法,不能因为社会、经济形势的变化而变通执法。执法的宽和严更不应成为配合宏观调控的手段。我们说,要建立良好、公平的营商环境,准确、严格地执法就是最好的营商环境!

# 监管必须直面金融科技新课题

监管是市场的有机组成部分，是市场不可或缺的要素。现实世界并没有只有供求双方的纯粹市场。市场有供求双方，供求双方需要在一定的规则下进行交易。规则以及对规则执行的监督，都是广义的监管。一定意义上，市场是由监管形塑的，或者说，有什么样的监管，就有什么样的市场。市场总会对监管进行正向或逆向反馈，从而形成一个市场的基本风格。所以，不能无视监管，认为市场会自我解决一切，从而排斥监管；也不能把监管和市场对立起来，认为监管总是束缚市场活力；监管更要敬畏市场，尊重市场，要清醒地认识到监管对市场的形塑作用，以及市场对监管的反馈作用。

**第一，监管要跟上市场创新的节奏。**

监管一般情况下总是落后于市场创新。但不能因此认为，反正监管落后于市场创新，所以对市场创新干脆就不用监管，这是不合逻辑的。不得不说，现在社会上有些论调含有这样的推论。

监管一般情况下总是落后于市场创新，这个"落后"不是先进、落后的"落后"，只是发生时间先后的"落后"，不是道德评判，也不是水平高低区分，"落后"不等于不正确。

既然"落后"，就更要跟上市场创新的节奏。因为"先进"的市场创新并不总是正确的，有益于经济社会的。

监管不是恶龙，更不是洪水猛兽。监管的基本目的，是为了市场能够公平、规范、稳定、流畅地运行，绝不是扼杀市场。监管虽然难免会限制市场的活力、扭曲市场行为、好心办坏事，但市场没必要完全站在对立面恐惧地抗拒监管。

一个社会，一个市场要不断进步，就需要不断地创新。因此，我们应该鼓励创新、宽容创新。然而，鼓励、宽容不等于允许无法无天。我们说，要宽容和允许创新出错，这就说明创新并不总是正确的，创新会经常出错。正因为会出错，所以更加需要监管。宽容和允许创新出错，应该是在监管下的宽容和允许。没有监管，就无所谓"宽容和允许创新出错"。什么叫"监管沙盒"？就是监管允许企业或机构在封闭的盒子里，在监管的眼皮底下折腾，折腾得效果好，则建立一套制度，推广到盒子外面。而不是一些人理解的，所谓监管沙盒，就是监管只要批准创新，就可以满世界不受监管地胡作非为了。所以，监管沙盒没有"管"，但会一直"看"着。试验成功，就推广；不成功，就结束试验。因为是在监管机构的明确允许下，在有限的范围内被监管机构看管着的试验，所以，风险是可控的。当然这样的"试错"是能被"容"的。从逻辑上说，这样的创新依然是被监管的。所以，不被监管的创新，容错就无从谈起。因此，不能鼓励不被监管的"创新"。

我们说，要宽容，甚至允许创新犯错，是不是也要宽容和允许监管犯错呢？监管不是神仙，所以总是落后于市场创新，有时难免好心办坏事。监管在追赶市场创新的时候，本身也是在创新，当然也难免犯错。我想，市场也需要有宽容之心，允许监管对市场创新有一个认知过程。关键的是，监管和市场，要有能够充分沟通的顺畅机制。

**第二，监管不是宏观调控的手段。**

金融是个非常特殊的行业，会影响国家经济安全。所以，各国都有或明或暗的管制。管制的对象和手段要相对明确。只要不影响国家经济安全，一般的市场波动，不启用管制手段。

宏观调控手段，也就是平时所说的货币政策和相应的调控手段与工具，要随宏观市场的变化而变化。关键是目标要明确，手段要多变。宏观调控的目的主要是实现币值、通货膨胀、经济增长、就业等的控制目标。宏观调控的目标必须简洁、明确。目标太多或模糊，只会导致货币政策的混乱和调控措施的顾此失彼。宏观调控的手段主要是调节宏观资金价格和市场流动性。宏观调控，顾名思义，调控的是宏观价格和流动性，并不能调控甚至管理微观的、具体业务的价格和流动性。一般情况下，也不应该对某类行业或产业的资金价格和流动性进行调节和管理。微观主体的资金价格、流动性，是由市场这只"看不见的手"调控的。

金融监管是为了保证金融市场的安全、规范，政策和手段应该是清晰、可预期的，也应该是相对稳定的。即使有调整，一般情况下也是有预告，有起始时间，并且不追溯存量。通常情况下，监管政策和手段，不应该混同于调控手段。也就是说，监管的目标也要简洁、明确，一般情况下，不应该去干预、管理市场波动和经济发展、产业发展。

监管手段虽然也会随市场的变化而调整，但与宏观调控手段不同，原则上不管汇率、通货膨胀、经济增长、就业等，关注的是金融市场和机构的运行安全。相对而言，调控手段变化频繁，监管手段相对稳定。调控手段是要改变市场预期和行为，监管手段是规范市场行为并且这样的规范是可预期的。现实中由于混淆这两者，往往会造成市场更加混乱或者市场忽然失控与沉寂。有时为了调整这样的状况，重新激活市场，把监管手段当作调控手段（刺激手段）使用，失却了监管的基本底线，会为下一轮的风险埋下隐患。

与此相关的是非常情况下的市场救助。在有可能发生系统性风险的情况下，调动一切力量和手段，包括宏观调控手段、监管手段、管制手段，以至于行政手段、法律手段进行市场救助是必需的。但必须明确，是临时性的措施，不是监管政策的调整。救助过程中，对各类职责、权利也必须有所界定，对被救助者要有严格的约束要求。危机过去后，救助措施应该及时退出。在2008年金融海啸中，美国对一些大而不能倒的机构进行救助的方法和经验，是值得我们借鉴的。那些机构喘过气来，首先就是归还政府的救命钱，因为他们不愿意受政府的严格约束。政府的钱只是救命钱，不是天上掉下的馅饼。

救助市场，对被救助者也要有一个合理的界定，不能眉毛胡子一把抓。比如"大而不能倒"，不能从中央到地方层层都有"大而不能倒"。

与金融创新相关的，还有关于监管的宽与严的讨论。我认为这也有一些概念需要厘清。所谓宽和严，有两个方面：一是监管政策的宽和严，二是执行政策的宽和严。两者不能混淆。监管政策应当依据业务和风险的逻辑，以及市场运行状态制定与调整，必须把握适当的"严"或"宽"的度。但是，监管政策的执行，不应该有宽严之分，就是应该统一标准，严格执行。不能因为经济形势、个别机构的特殊情况，搞所谓网开一面、区别对待等，否则就失去了政策的一般性、稳定性、客观性和公开性。法律的制定和法律的执行，同样如此。我们说，要为金融创新创造良好的氛围，这才是真正有助于创新良性发展的氛围。这也是金融进一步对外开放的基础工程。

**第三，监管应遵循业务逻辑和风险逻辑。**

金融业务有自身的特点和逻辑，不会因为应用技术而有所改变。适当地应用技术，可以帮助识别业务的风险、改善业务流程、提高业务效率、减少操作失误，但并不会消除业务风险。以信贷为例，通过应用一些技术，可以创新业务模式，但技术并不能提高借款人的还款能力，也不能提高借款人的道德水准，同样也不可能降低市场资金成本。

金融机构提供金融业务是为了满足市场需求。金融创新，当然是因为发现了市场的需求。不过，市场的需求很多，却不是所有需求都必须去满足。企业资金紧张，就认为是融资难，个人无钱消费就认为是贷款难,这样的判断未免太过简单武断。企业资金紧张,或许是资产负债率太高,或许是应收款太多,或许是财务管理不当,或许是经营亏损。个人无钱消费,可能是失去了工作,也可能是过度消费造成的。经济学定义有效需求,是指有支付能力的需求。就信贷而言,信贷的有效需求是指有还款能力的需求。对于信贷创新所满足的需求,就应该按这样的逻辑去监管。如果按这样的逻辑看,前一阶段一些打着普惠金融、消费金融、互联网金融名义所满足的需求,恰恰不是有效信贷需求。

如果需求是合理的、有效的,是不是可以说,满足这样的需求就是合理的呢?不见得。我认为,满足合理贷款需求的创新必须符合这样一些条件:一是,必须合法合规。这包括两个方面,首先,提供贷款的机构必须合法,是持牌机构。一个机构既然有做普惠金融的情怀和能力,就应该有申请牌照的底气和接受监管的自信。其次,创新的业务必须合法合规。某些金融业务,还需要经办人员持牌经营。二是,创新的业务模式不会给机构带来巨大的经济风险和声誉风险,确保机构能持续经营。三是,创新的业务虽然给机构自身带来丰厚的收益,但不能给社会造成系统性风险,不应违背社会公序良俗。不能因为一些所谓创新满足了一些小微企业、普惠金融的需求,就不顾它的高风险、不合法,判定其为合理的。

监管必须按业务的固有逻辑进行监管,而不是按创新的良好愿望或满足了部分合理需求做简单的判定。

**第四，监管必须直面金融科技新课题。**

首先要对技术的安全性进行监管。金融机构号称自己是技术公司，作为营销噱头未尝不可，但必须认识到自己只是技术的应用者，绝不是技术的研发者。因此，金融机构采用的技术，其已有功能应该是成熟的，与相应业务的需求是相匹配的。这方面，经过计算机技术的应用，已经有了比较成熟的监管方式，面对新的数字技术，还需要适当完善。

对算法模型，需要进行打开验证。比如，客户标签，即客户画像，对采集要素的合理性、参数设置的合理性要进行验证，防止不合理的定向营销和获客。再比如，风控模型、智能投顾模型等，都应该打开验证。这方面，可以是监管部门直接监管，也可以委托监管部门认可的第三方机构进行验证，如会计师事务所等机构。

对一些算法模型或业务模式进行人格化监管。比如智能投顾模型、风控模型等，须经验证后持证上岗，在运行过程中要进行持续监管，一旦出现问题，可以责令停止运营。模型设计人须负连带责任。

对不同的外包业务和技术合作制定相应的监管规则。利用数字技术的业务外包、与技术平台企业的业务合作，同传统的技术业务外包、业务合作在模式上、风险承担上有很大的不同，需要有新的监管要求和规则。比如数据的获取、数据的质量要求、各类算法模型的验证、业务合作的实质验证、风险的认定与承担等。有些外包与合作，对外包机构和合作机构的资质也需要有规定。对这些机构资质的认定验收，也可以委托监管部门认可的会计师事务所等机构负责。

针对各类数据平台要建立开放制度、监督机制。随着数字社会的建设，会有更多的面向不同领域的数据平台。这些平台虽然是商业机构，同时也是公共产品。平台上的参与者，互为客户，平台应该为所有的参与者提供公平、合理、高效的服务，而不是利用平台和数据垄断客户和各类业务渠道。监管机构需要为平台的有序开放建立制度，制定规则。平台服务和数据服务应该与科技公司的其他业务进行风险隔离和业务隔离。科技平台企业经营金融等受监管业务，必须获得有关业务的经营牌照，与进入平台的其他金融机构平等竞争，接受监管。监管机构对数据平台的监管，除了一般的业务监管外，尤其要监管数据平台企业的平台垄断和数据垄断，数据平台企业在数据、平台规则方面的不公平行为及与平台自己金融企业的关联交易。

# 中小银行"避雷"指南

中国的中小银行数量庞大,其中主要以城商行、农商行以及农村信用社为主。由于这些银行所处的区域经济发展状况不同,这些银行自身的发展历史和经营特点也各不相同,往往不能一概而论。如果只在总体层面进行简单的归纳,难免以偏概全,特别是风险,更多是具有个性化的,很难说出中小银行的风险的共性。因此,对中小银行风险的处置,需要加以区分。在此基础上再谈风险的化解,才是有的放矢。

## 中小银行的三类风险

中小银行的风险主要分为三类。

第一,是资产质量风险。这首先与当地经济周期和产业结构有关。大多数中小银行是地方性银行,当经济处于下行周期时,这些银行资产质量一般会相应地下降。如果经济下行是区域性的,那么银行资产质量的恶化一般也是区域性的。此外,一家银行的风险管理能力,也决定了这家银行的资产质量。

中小银行的风险管理能力参差不齐,并不是普遍的好或普遍的不好,这与各家银行的人才、经营风格、企业文化等有很大关系。一般来说,不良资产只要控制在一定比例内,对银行的经营就不会造成太大影响。一家银行不良资产即使比较多,只要不到资不抵债的程度,受影响的主要是财务,或者是股东的回报。当然,如果资产质量一旦出现恶化,在一定程度上会影响银行的流动性,但这也并不是必然的。

所以,个别中小银行的资产质量问题,在大多数情况下,不会引起整个银行体系的流动性风险。即使处在整体经济下行周期,只要整体上银行的不良资产控制在一定范围内,也不会产生系统性风险。

第二,是流动性风险。这是目前大家比较关注的中小银行的风险。造成流动性风险的原因比较复杂。前述资产质量恶化会导致流动性风险,而资产负债管理能力不足也会造成流动性风险。

在中国由计划经济向市场经济转化的过程中,银行的资产负债也从单一的贷款存款逐步变得多元化。这对银行的资产负债管理能力提出了更高的要求。现在银行的资产负债管理存在以下问题:

一是期限错配管理,这个比较容易理解。

二是对各类资产和负债的认识研究不足,造成资产负债品种结构错配管理不到位。比如同业业务,一般来说,在银行的负债中,同业负债是最不稳定的负债,即当市场流动性充裕的时候,所有同业的资金都比较宽裕,而当市场流动性趋紧的时候,所有的同业都资金紧张。

因此,同业负债一般只能用于临时周转或短期投资和交易。但近年来,许多银行往往把同业负债用于发放中长期贷款、用于长期限的同业投资或影子银行业务。同时,同业的构成也非常复杂,有银行、证券、保险、基金、租赁、财务公司等,它们的经营内容不同、规律不同、风险程度与形式也不同。一些银行简单地把所有同业当作是同类机构,把与同业的资产业务简单地看作是低风险业务。这既形成了资产的信用风险,也形成了资产与负债品种的错配风险。

此外,各类资产与负债之间的比例失调。个别银行同业资产和同业负债占比过大,但是资产端又往往是长期资产,一旦市场流动性趋紧,自身的流动性就将趋紧。

三是表内表外业务比例失调,表外业务高杠杆。造成上述流动性风险的原因,不同银行有不同的表现。其中很重要的一个原因是客户基础。

由于历史的原因,农村信用社和农商行一般都有非常牢固的客户基础,尤其是个人客户。所以,只要资产端不出现大的问题,大多数农商行都非常稳健。农商行出现流动性风险,主要有以下原因:当地经济结构、行业结构造成的信贷风险;银行自身信贷风险管理混乱;一些地区经济相对落后,银行业务发展的空间有限,个别农商行为了做大业务规模,无序开展票据业务、同业业务和表外业务。

城商行是在城市信用社的基础上改制成立的。相对而言,它们没有像农商行那样的基础客户群,为了快速发展,不得不寻求超越存款能力的发展模式。在这样的增长模式中,杠杆率高、业务集中度高，风险集中度也高，业务的波动性也会加大。

第三，是公司治理风险。十多年以来，中小银行在改制转型的过程中，引入了各类投资者。但是，投资者对于银行的认识还是有偏差的，往往简单地认为，银行就是发放贷款的，一味要求银行加速扩张。然而，银行发放贷款是需要存款的，而吸收存款的前提是银行在社会和民众心中的信誉。这导致银行在快速发展中，忽略了信誉的打造，开拓业务不审慎。更有甚者，个别投资者把银行当成是自己的钱袋子，大量占用银行资金，造成银行产生严重的流动性风险和财务风险。

## 风险处置没有固定模式

以上三大类风险，可以说是中小银行发展过程中难免的阶段性风险。银行就是经营风险的，有风险并不等于银行经营就难以为继，大多数银行都可以通过改善管理和经营，在监管机构的有效管理下克服困难。具体措施包括以下几个方面：

一是中小银行的设立要遵循商业原则，不应该由政府主导，对中小银行进行鼓励、支持、扶持，要尊重银行的经营自主权，在这个基础上强化公司治理。

二是银行股东，包括政府、国有企业、民营企业，都必须明确投资银行的目的是通过银行的稳健发展获得收益，而不是通过投资的银行获得融资。

三是政府、股东、银行管理层要强化银行信誉建设理念，着力打造基础客户群。政府、银行的股东,要清醒地认识到,银行首先是能够吸收存款,而不是放贷款。稳定的负债,取决于稳定的基础客户群,稳定的基础客户群取决于银行的信誉。

四是银行管理层要树立主动经营和管理资产负债的理念。

五是中小银行要从发展基础客户群,长期稳健经营角度出发,深入当地经济,寻找适合自身禀赋的客户群和经营模式,探索相应的风险管理方法,提高经营管理能力。

六是监管上要完善风险集中度管理制度。应该把前十大授信、用信客户指标纳入正式监管指标。

七是建立中小企业主办行制度。这有利于中小银行拓展基础客户群,也有利于银行熟悉客户、了解客户、更好地服务客户和管理风险,更有利于中小企业的稳健发展。

八是在打破刚兑的前提下,鼓励符合资格的市场主体对中小银行进行市场化并购重组。

对于个别出现重大风险的银行,需要采取纾困措施,以防风险蔓延。由于风险的种类不同,情况不同,采取处置的方式也会不同,这是很正常的现象。即使是同类处置方式,具体的措施也会因具体情况不同而有区别。

风险处置方式的好与不好,不在于方式本身,而在于面对的具体风险和环境。在不清楚具体情况的条件下,单纯讨论方式的优劣没有意义。

包商银行和锦州银行风险处置案例[1]的真正意义在于：

一是打破银行刚兑，真正形成金融机构信用评级分化格局，让信用风险利差得以产生，有利于利率市场化的真正实现。关于利率市场化，市场一般关注的都是存款和贷款两端，往往认为银行间、金融机构间的利率随供求关系而变化，就是市场化了。实际上，由于我国银行业没有形成信用风险利差，因此，目前的利率不是完全意义上的市场化利率。形成这样的风险利差，对金融市场在资源配置中起决定性作用是非常关键的。

二是通过市场的力量，促使各类金融机构自觉稳健经营。当没有自身风险压力的时候，机构难免会非理性地扩张，企业如此，金融机构也同样如此。只有在市场有风险利差的情况下，机构为了获得低成本负债，才会努力维护自身稳健经营的形象和信誉。

三是有利于中小银行沉下心来努力拓展基础客户群，为实体经济服务，而不是为了追求规模的快速扩张。

---

[1] 分别为2019年5月央行银保监会对包商银行施行接管和2019年7月锦州银行在监管部门指导下引进金融机构进行战略重组。

# 是时候重新审视银企关系了

**初期：银企固定合作，不利于企业创新发展**

计划经济时代及改革开放初期，企业原则上只能在一个银行营业网点开户，一般是在企业附近的网点。工、农、中、建四大行相继从人民银行分离出来，但还是专业银行。企业按性质和区域，在相应的银行营业网点开户。也就是说，一个企业只能开一个银行账户，无论是哪家银行，只能在某个营业网点开户。银行网点也不能跨区域拓展客户。

那时，一些企业为了方便客户汇款，往往还会在企业信封上印上开户银行机构和账号，供销员的名片上也会印上开户银行机构和账号。

随着计划经济往市场经济转型，新型银行机构不断涌现，银行间开始了竞争，这样的开户制度显然不合时宜。于是，允许企业选定一家主办行开立主账户，可以适当在其他银行开立辅助账户。起初有账户数的限制，后来没有限制，再后来主办行和主账户制度也形同虚设了。

在企业只能开一个银行账户或主账户制度的初期，银行和企业的关系是非常清楚的：是固定的合作关系，银行是支持方。比如，工行与城市工商企业，农行与供销社和乡镇企业等。银行有责任帮助企业完成计划任务或年度计划，同时，企业有义务向银行开放各种生产和经营信息，并接受银行的审查和建议。如果企业销售有困难，那时的银行就会联系各地分支机构搜集信息，帮助企业寻找客户。企业要进行技术改造，银行也会帮助寻找科研机构或设备生产厂家，一起参与设备考察和采购谈判。当企业流动性发生困难，或经营出现困难，银行会深入调查，客观分析困难产生的原因是暂时的还是趋势性的，以确定如何帮企业化解困难。

毫无疑问，这并不是一个完美的银企关系。由于没有竞争，银行自身缺乏提高效率、改进服务的动力。一定意义上说，两者的关系并不完全平等。因此，对企业的改革、创新与发展，有很大的抑制作用。

**现状：银企相对平等，地方政府出手干预**

银行竞争完全放开，对我国改革开放的巨大促进作用立竿见影，对我国银行自身发展壮大的促进作用也是关键性的。在这个过程中，银企关系也悄然发生了变化。

就银行方面看，首先得益的是新成立的股份制银行和城市信用社。原有的开户制度，对它们是最大的制约，因为他们没有存量客户。竞争一旦放开，它们是纯粹的进攻方。农村信用社也是得益者，它们在农村的地盘上，新设立的股份制银行和城市信用社还没有能力和欲望争夺这块地盘，只要和农行关系处理得好，双方就相安无事。特别是最初10多年,农村信用社还是由农行管理,大多数地区行、社不分家,互相在客户上有明确的分工。但一些城郊接合部的农村信用社却有进城的欲望和能力。四大行首先是被冲击,随后因为专业分工的消除,开始了相互竞争。

在这样的竞争中,股份制银行和城市信用社因为没有存量客户,为了快速发展业务,同时也因为没有扎实的风险管理能力,一开始争取的往往是四大行的大客户。因为是大客户,这些银行实际上做的是这些企业的一小部分业务,维护客户关系,特别是建立真正意义上的长期战略合作关系(不是形式上签战略合作协议)就无从谈起。

四大行由于有大量的存量客户,首先面临的是如何保住存量客户的问题,所以开始是防守为主。以后一些行提出了"保、抢、挖"的策略,即保住老客户,抢新开办企业,挖其他银行客户。

竞争的手段,第一是增加贷款指标,扩大贷款规模。第二是降低贷款申请条件,这包括放宽一些审查要求、财务指标要求、期限要求、担保抵押要求等。实际上,无形中降低了风险门槛。第三是降低服务价格,包括降低存贷款利息、结算手续费等。第四是提高服务效率,在提高服务效率的同时,既简省了许多环节和程序,同时也降低了风险管理要求,比如对贷款用途的审查和监督、对贸易真实性的审查与监督等。第五是提升服务态度。

可以看出,在这样的竞争过程中,银行和企业的地位在变化。有时银行强势,有时企业强势,总体上是相对平等的关系。同时,由于以贷款为主要获客手段,风险标准在降低,也意味着对企业的调查和检查的放松。在这种情况下,当企业出现负面情况或者负面消息时,每家银行当然首先关注的是自己贷款的安全,而不是企业整体情况,抽贷就在所难免。尤其是只提供给企业小部分贷款的小银行,跟企业没有其他瓜葛,也不是企业的主要服务银行,本来就是游击观念,抽贷更是干脆。

再一方面,相对而言,中小银行从设立之初对客户经理和风险经理的个人业绩考核就非常严,这也是导致中小银行个别基层机构非理性抽贷的原因。中小银行不考虑企业具体情况,突然抽贷导致企业资金链断裂,并不是这几年才有,十几年前就发生过。

我曾问过一个在中小银行做风险审查的朋友:"有些企业只是临时性困难,你们这样突然抽贷,反而造成企业有倒闭风险,为什么要这么做呢?"他告诉我:"我们考核很严,我只能顾到我自己,企业的情况已经顾不上了。"他还告诫我:"风险管理是不能讲仁慈的。"

随着时间的推移,大银行因为不能获得企业足够的信息,当企业遇到现困难时,无法判断企业的真实面貌,也只能抽贷了之。这20年来,大行已经形成一套退出风险企业的管理制度和方法。也就是说,大行也不把客户看作是长期的合作对象,只要有风险苗头,再大的客户,都要想办法退出。

从企业方面说,原来只能开一个户的时候,单独一个银行网点的贷款规模有限,不能满足快速发展的需要。现在解放了,可以到不同的银行机构贷款;原来银行贷款、汇款需要的手续、资料繁多,受到许多制约,现在则可以和银行谈条件。因为银行间竞争激烈，好的企业往往都处于强势地位，银行成为贷款和获取资金通道的工具。

特别是有了债券等新的融资渠道后，银行在企业心目中的地位更是下降。此时，企业已经没有意愿主动与银行进行坦诚而充分的沟通了，反而以各种虚假的信息游走于各家银行之间以获取最大的利益。一些企业不仅熟练运用各种融资工具和融资渠道，还跨地区与各地的银行建立业务关系。这反过来也影响了银行，把企业只看作"做一笔业务是一笔"的客户，关注企业的经营状况也只是为了能及时退出。

在银行竞争中，企业犯了几个错误：一是只要能借到钱，就无限度扩张；二是为了无限度扩张，为了能融到资，不向银行充分披露信息，失去了银行对企业的充分了解和完全信任；三是在多渠道融资的情况下，没有相应提升资产负债管理能力。

一些企业以为自身能量大，不管什么渠道和方法，总能融到资金。但对不同渠道资金的特点缺乏研究，当然不会进行相应的管理。比如贷款和债券，虽然都是负债，但性质不同。债券是面向市场发行的，可以流通，债券持有人是变动的。当企业遇到流动性困难时，无法同债券持有人进行私下协商，只要到期不兑现，就是公开的违约。贷款是企业与特定银行之间的协议，到期还款有困难，企业有机会与银行进行私下协商，即使违约，一般不会造成大范围的市场影响。

如果企业在资产负债管理中，有意识地把债券等直接融资控制在适当的比例，平时向银行充分披露信息，保持交流，在遇到临时流动性困难时，就不至于产生大的爆雷事件。其他大量的影子银行业务，如明股实债、股票质押式回购等，都有类似问题。

在银行与企业的关系中，地方政府也起到了一定的作用。一是一些地方政府为了政绩，鼓励企业无度扩张，高速发展，有意无意地帮助企业对银行掩盖真实情况，以为企业服务的名义协调银行给这些企业贷款。二是当企业产生风险时，帮助企业逃废债。一些地方政府甚至认为银行多核销不良资产，相当于本地占了便宜，并因此大会小会表扬核销多的银行分支机构。

银行在这方面也是一种矛盾心态。开展业务时，不希望地方政府过多干预，但当企业产生风险，特别是区域性风险，银行又希望地方政府能出面阻止企业逃废债，帮助银行化解风险。

可是，地方政府往往有自己的权衡。地方政府一般还是会竭力阻止区域性风险产生和发展的，但如果实在没有办法了，地方政府就会像上文中那位在银行做风险审核的朋友一样，自顾不暇，对银行就只能应付了。如果给银行还贷，一般首先还本地银行，然后是其他银行在本地的分支机构，最倒霉的是跨地区来本地放贷款的外地银行机构。有时为了地方利益，地方政府采取各种手段不让银行抽贷，不让银行采取诉讼等处置措施。这种情况下，跨地区来放贷款的银行，因为没有本地顾虑，往往会率先抽贷或提起诉讼保全。

**重新审视银企关系**

经过这几十年的发展，现在是时候重新审视银企关系了。当然，重新审视，并不是要回到从前。依然要鼓励银行竞争与创新。

第一，企业需要认真思考自己与银行的关系。不能简单地把与银行的关系看作是服务买卖关系。现在许多企业为了产品质量的稳定，对供应商有严格的挑选，以期建立长期的合作关系，而不是单纯的买卖关系，所以不会单纯地压降采购价格，会考虑到供应商的稳定经营与生存。为了产品的稳定销售，以及售后服务的专业化，对销售商也会考虑一定的利益，而不会把产品一卖了之。

同样，应该把银行看作是企业稳定经营的定海神针。不需要有制度规定，企业自身必须确定主办行。企业应该根据自己的规模、经营特点等，选择一家合适的银行作为主办行。这个主办行的选择必须是明确的，企业自己明确，银行也明确接受。这与目前各家银行与企业签战略合同是不一样的。企业确定了主办行，就要形成制度，充分披露信息，充分沟通情况，让主办行全面了解自己的底细，信任自己。主办行的功能、职责，需要在实践中逐步完善。

主办行的规模至少与企业的规模基本匹配。这有如下好处：一是，主办银行能真正发挥稳定器的作用。现在有些大型企业，贷款来源非常分散，甚至都是中小银行，没有大行。毫无疑问，面对这些中小银行，大企业处于主导地位，议价有优势。但，风险也是显而易见的。同时，企业与这些银行的关系维护成本也是非常高的。二是，可以迫使中小银行真正沉下去为中小企业服务。

企业需要提升资产负债管理能力，除了管理期限错配，还要合理安排负债中银行贷款和其他负债的比重，保持负债品种结构与资产品种结构的合理性。

第二，银行应该制定作为主办行企业和非主办行企业不同的管理制度和流程。目前,对集团企业的风险管理,还没有一套成熟的方法。新的主办行制度,对于集团企业的管理,都需要认真研究和探讨。

第三,监管部门应该允许银行发放承诺贷款,即可以让企业按一定条件随时提款的贷款方式。这类贷款承诺,必须纳入流动比率计算,也就是说,银行必须为这些承诺准备充足的备付金,相应地,企业必须为未提款额度支付承诺费。这对企业管理流动性有好处。这是国外银行通行的做法。

第四,改革贷款合同内容,把对企业未来经营的要求纳入合同文本,以增加银行对企业未来的可预期性。比如,企业资产负债率、企业股东变更、重要并购与投资等。这也是国外银行通行的做法。

第五,完善银行风险集中度管理办法。除了最大单笔授信和最大单一客户授信外,对不同规模的银行,还应分别规定最大10个客户或20大甚至30大客户的授信占比。比如,对大型银行可以规定最大30大客户授信占总授信的比重,促使大型银行把一定的资源用于支持中小企业。这比指令性指标更灵活,也更市场化。同时,还应对参与性贷款的总量和企业数有所规定,特别是银行对自己的分支机构,需要有这样的要求。这条尤其有利于促使中小银行的分支机构把更多的精力用于拓展和维护基础客户群,改变打游击的作风,防止业务的大起大落和流动性风险。

此外,银行应该把不同规模企业的贷款银行的个数作为授信的约束条件。企业可以有自己的选择,但各家银行必须有自己的底线。一些银行在做小微企业业务中，规定客户的贷款银行不能超过三个。如果在审查时，企业的贷款银行已经是三个或者超过三个，就不批准贷款。如果在贷款期间，企业贷款银行超过了三个，就主动退出。这个规定，在实践中的效果是非常好的。当然，大型企业的贷款银行不能限定在三个以内。

第六，调整对银行客户经理和信贷审批人员产生不良资产的处罚规定。一方面，不良资产的产生，原因有很多，不完全是客户经理和审批人员的个人责任；另一方面，客户经理和审批人员的风险管理经验和能力，是在实践中不断积累的。应该区分个人能力、工作失误、失职渎职、调查审查失误、贷后管理失误、与客户串通、客观经济形势变化、企业恶意等实际情况，由银行自主处理。监管部门可以对处理结果进行检查和质询。简单一刀切地严肃追责，上追三级，对建立良好的银企关系是不利的。

第七，地方政府要真正落实"放、管、服"。为了地方经济的发展，地方政府制订经济发展规划、出台相应的鼓励政策，都是必要的。但制订了规划，出台了政策，余下的事应该由企业自主决策和选择，没有必要去指导和扶持，更不应该指定企业去做什么，给企业下任务、下指标。比如，企业是否上市，是企业的选择，不应该变成是完成政府下达的任务。企业与银行的关系，应该由企业与银行按照商业可持续和法制的原则和方法处理。政府需要做的是，提供一个公平、公正、公开的法制环境和营商环境。不能把执法当作经济调控的手段，今天严一点，明天宽一点。

# 银行理财子公司应该做好自身定位

在整个理财市场中，银行理财子公司只有做好自己的定位，才能迎接挑战、顺利转型。

银行的定位到底怎么定？招商银行行长助理刘辉提到，银行是建立在信任的基础上的，老百姓对银行有天然的信任，但这个天然的信任是靠银行几百年做下来的。反过来也可以这么说，老百姓对银行已经做了定位和市场的分工，即银行应该提供安全的产品。

我认为，老百姓把钱存到银行，一定意义上是把他们的身家性命、他们的未来托付给了银行，所以老百姓选银行实际上是非常慎重的。

打个比方，我们吃饭可以选择越南菜、日本菜、韩国菜、中国菜，但是假如说有一家越南的银行，你愿意去存款吗？不是说这家越南的银行不好，而是说在你的心目中，这个银行可能不一定可靠。对银行的信任和去买东西时的信任是两个概念。

我在香港工作的时候，接待过一些富豪客户，他们拿钱去做资产的配置。我问他们的要求是什么，他们说："很简单，就是要安全。利率能高一点当然好，但是安全是第一的。冒险投资我自己会，不需要你们帮我，我就是冒险把这些钱赚来的。"

我们常说要进行投资者教育、责任自担，这没问题。但是当他买银行的产品时，默认银行就应该给他最安全的产品。即使在香港，2008年金融危机期间迷你债的损失者，一直到2012年还在汇丰银行、花旗银行门前闹，他们认为银行提供的应该是安全的产品。

银行在卖理财产品的时候，让客户填调查表，以评估客户属于激进型还是稳健型投资者，我认为一点用都没有。最激进的投资者把钱拿到银行也不是来投资的，他只是把钱安全地存放在这里。

所以，银行的第一个定位应该是"理财市场上最保守、提供最安全产品的角色"。当然也不是一点风险没有，但应该是最保险的角色，而不要简单寄希望于打破刚兑。

由此带来的第二个概念就是，银行的业务逻辑是什么？我认为，银行应该为客户选择安全的资产、配置安全的资产，而不是为投资者寻找资产，更不是为融资人去寻找资金。

首先，从宏观的层面讲，理财是两端，一端是资产，一端是资金。理论上讲，我们一方面是为投资人找到更多的投资产品、投资渠道、投资方式，另一方面是为融资人找到更多的融资渠道、融资方式、融资量。但是落到微观层面，银行可能面对的情况是，客户的认知是配置资产，而不是投资。就比如从理论上定义，存款也是客户的一种投资品种或投资渠道，但在存款人的心理上，从来不认为存款是投资。

如果一个人有10亿元，他觉得全部存放在银行不合算，决定拿出2亿元放到某个私募基金，他把钱拿过去的时候心里清楚是去投资的,这个时候他是投资人。对同一个人来讲,当他处理不同资产时,或者当他面对不同事情的时候,其决策是不同的。面对银行时,他只是一个客户,希望对资产做一个安全的配置;面对基金经理时,他就是投资人;当他需要资金经营时就是融资人。

一个人可以有三个身份,因此,我们不能简单把客户分成高端客户、低端客户或者激进客户、保守客户。客户会根据不同需求,转变自身的角色,在宏观层面和微观层面上,角色是不一样的。对银行理财子公司来讲,可能更要强调为客户寻找安全的资产,进行安全的配置的理念,而不是进行投资,更不是进行风险投资。

其次,从银行角度来讲,要准确地来理解战略协同、业务协同、项目协同。我们喜欢讲联动,但是什么产品是可以联动的?什么产品是不能随便联动的?这恐怕要讲清楚。

再次,从战略协同的角度来讲,银行不同的理财子公司要和母行之间形成某种在资产负债角度的合理配置,在不同的时期、不同的形势下,能够形成收益的互补、风险的平衡。所以,在集团战略层面是这样一个协调、联动关系,而不是简单地说某个企业要资金,3亿元贷款不够,再给2亿元的理财资金,我觉得这是要出风险的。这也是以前信托和一些其他业务曾有过的风险。

因此,银行理财子公司成立,不能做成类信贷业务,更不能变成银行规避信贷规模的又一个新的渠道。否则,理财子公司又会是一地鸡毛。所以,在战略协同、业务协同和企业的项目协同方面,恐怕要有明确的制度和规范,即搞清楚哪些可以协同,哪些不能协同。不好的情况还有,当贷款出现问题时,先用理财资金将贷款解脱出来，过一段时间再用贷款将理财资金解脱出来，这样风险会越积越大。

最后，从风险隔离的角度来讲，隔离，不仅是风险本身的隔离，还是经营和管理的隔离，更重要的是让银行理财子公司真正走向市场，成为市场的一员，而不是母行的一个附属品，更不是母行的寄生虫。子公司越独立，对母行越好。

我观察到，银行系的各类子公司，可以做到规模很大，在行业资产排名上都可以名列前茅。但这是不是真正有市场竞争力？我觉得很难说。银行有一个天然的优势，即营销渠道很多，很容易把规模做上去。但是，子公司如果把希望都寄托在总行给分支机构下文件、下指标，单纯靠母行动用考核机制和行政手段把业务规模做大，那么，子公司在这个市场上实际上是没有竞争力的。某种程度上，那些产品是整个行的负担，甚至是客户的负担，而不是整个银行的补充，也没有为客户提供更好的服务。

所以，风险的隔离更重要的是让子公司的整个业务走向市场，只有当子公司在市场上真正有竞争力的时候，对整个母行，对整个母行的部门、业务条线包括分行才是有帮助的，而且母行及分支机构会真正需要理财子公司那些有竞争力的产品。

总的来说，我认为银行理财子公司还需要在这四方面有一个明确的认识和定位，这样才能够走得更远、更有竞争力，而且更有特色。

# 重新审视金融业务创新与监管

人类社会有许许多多的行为被政府纳入禁止范畴，可以宽泛地称为"非法"行为。有些行为，在一定的条件下，会合法化；在不同的历史阶段，同样的行为在"合法""非法"之间会有反复。比如历史上的"盐铁专营""禁酒"、银行业的混业经营和分业经营等。

此处所说的"非法"活动，只就经济领域，更多的是金融领域，杀人越货之类不在此列。

一些经济活动之所以被列入"禁止"范围，是因为这些活动具有一定的公共破坏性。公共破坏性也是比较宽泛的，有直接的，有间接的，有对宏观社会的，有对微观个人的。禁酒的影响性是比较直接、直观的，比如对酗酒者个人及其家庭。贩毒的危害性也是很直观的。而"盐铁专营"就不是那么直观。简单把它定性为政府与民争利，未免粗暴与幼稚。实际上，为了保证境内经济、政治的稳定运作，必须抵御外部的入侵，而这需要政府资源的投入。这就涉及一个政府如何、从什么渠道动员资源的选择问题：是普遍加税，还是通过某个行业或领域筹措资金？"盐铁专营"就是当时政府的一项选择。至于对这项选择的优劣评判，就像当时一样，是可以争论的。还有走私、高利贷等等，都是如此。

因为是经济活动，所以必然有市场需求。而需求，就有合理的和不合理的。所谓合理，也是就具体立场、角度而言的。有些对个人而言，是合理的需求，但就社会公平而言可能是不合理的。有些需求则是反过来的。以走私为例，大量的走私会减少政府的税收收入，冲击国内相关产业和市场的发展。走私的货品中有枪支弹药、毒品之类的危害品，但更多的货品是消费者正常所需。高利贷也是，贷款用途有非理性消费、有吃喝嫖赌、有购买非法物品，但也有的是合理的生活急需。正因为这些经济活动中有许多合理需求，所以历史上，"非法"活动从来没有因为禁止而消失过，往往在可容忍的规模和范围内存在，对社会运行还起到了一定的润滑剂作用。所以，一般会用比较中性的词形容这类经济活动，如黑色经济、灰色经济、地下经济等。借贷领域有民间借贷、高利贷等。但这类行为如果超出一定的范围和规模，又确实会对社会形成破坏作用。这个时候，严厉打击是不二之选。当然，此时的定语就会变成非常负面的词，如非法经济活动、黑社会活动等。

由于需求有许多合理的成分，历史上对一些"禁止"就有许多争论，呼吁将一些"非法"合法化。"盐铁专营"的争论就是非常著名的一场争论。美国反反复复对银行混业经营与分业经营进行争论与制定法规也是如此。

让"非法"合法化，理由也比较集中：人们有合理的需要；不与民争利，藏富于民；创新需要宽松的氛围；普惠金融；消除贫困；等等。当下的环境，增加就业、扩大内需等，也是非常正当的理由。

当一项"非法"经济活动"合法化"之后，会产生什么效应？这里以无牌经营信贷业务为案例做个分析。

第一，是进入门槛的降低。这会导致竞争的空前激烈，经营成本上升，收益下降。实际上，真正做地下经济的人，并不希望他们的业务"合法化"，他们很明白合法化的结果。地下经济，甚至黑社会经济，他们非常清楚自己的特殊服务群体，这个群体有一定的量，但边界很清楚，只有在"非法"的状态下，他们才能获得超额的制度套利或监管套利。一旦合法化，这些超额利润很快就没有了。所以，我从没有听说有黑社会、走私团伙自己要求合法化信贷业务的。

前些年，一些地方民间借贷很活跃，而且很明显，这些地方的民间借贷对促进当地经济的发展起到了很大的作用。当然，也时不时会引起比较严重的社会信用风险和群体事件。于是，有专家提出是否让民间借贷阳光化，由地下走到地上，也就是合法化。虽然调整了几次政策，效果终究没有原来想象得那么好。一是当地民间借贷已经非常普遍，无所谓合法不合法；二是一旦阳光化，就面临着纳税的现实；三是民间借贷有服务于当地经济发展的一面，但还是有相当规模的借款用途见不得阳光，阳光化就意味着放弃了这些阴暗面，丧失了一块市场；四是阳光化也意味着利率不能超过法定最高利率的限制。因此，大多数民间借贷依然愿意处于地下状态。

这些年，一些无牌经营贷款的人们以互联网金融、金融科技创新、普惠金融的名义，公开呼吁不受监管地无牌经营信贷业务，而且做得风风火火,整个社会也以极其宽容、包容和好奇的心态看待他们。结果是一地鸡毛。

这类贷款往往服务于持牌机构不能服务的群体,再加上原来处于地下状态,进入门槛高,有超额收益。现在变成社会鼓励的事业,并且今后有可能颠覆现有的持牌机构。这意味着没有了违法违规成本,进入门槛降低了,于是,许多有情怀的年轻人都进入了这个行业。必须承认,许多人进入这个行业,是带着情怀和理想的。开始的时候,他们也是严格按照信贷风控的要求做业务的。但很快发现,进入者太多,竞争太激烈,再加上互联网的获客效应,符合贷款风控要求的这类客户潜力很快就被挖掘完了。

第二,降低风控标准,无原则扩大客户范围。为了能更快更多地获取客户,唯有降低风控标准,这是互联网企业流量为上逻辑的必然。但它们很快发现,仅仅降低风控标准,客户量还是满足不了金融科技的流量需求。

在地下经济中,即使是黑社会,贷款人对借款人的风险控制也是非常严格的。所谓高风险高收益,往往并不是借款人的高风险,而是贷款人经营行为的高风险,即无牌经营的高风险。历史上所有的放贷人,在意的首先是贷款能否收回,利率的高低一定是其次的,不是决定性的。

在互联网条件下,那些告贷无门,有紧急资金需求、合理资金需求,又有还款来源的客户,很快就被发掘殆尽。即使降低风控标准,客户供应依然难以为继。于是,主动营销,挑逗无借款需求的人们借款;更进一步,引诱无还款能力的人借款,比如学生等,号称他们提供的贷款可以改善生活，可以过体面的生活，可以拥有有尊严的人生。不得不说，这些是黑社会贷款都不碰的客户群。如此，大面积的不良是题中应有之义。怎么办？暴力催收也是逻辑的必然。因为借款人的范围扩大了，并且更多的是没有还款能力的人，暴力催收就成了社会问题，而不仅仅是个别现象。暴力催收更有了新的形式，除了传统的线下手段，还有网络暴力。

一些进入这个行业的年轻人与我交流，谈了他们的困惑。互联网思维中，很重要的一条就是长尾理论。他们发现了长尾，服务了长尾，并且有大数据、云计算、人工智能画像术，但为什么会出现这样的结果？

我们学理论，用理论，是不能一根筋的。这个现象也说明了，许多金融服务和产品与一般工商企业提供的服务和产品是不同的。一般工商企业提供的产品和服务，是"一手交钱一手交货"的买卖，是双方价值的交换和所有权的转移。许多金融产品和服务，如银行的存款和贷款，并不是一锤子买卖，是一个服务过程；同时，是货币使用权的临时转移，并非所有权的转移，存款最终必须还给存款人，贷款最终必须从借款人手里收回来。在平台上卖商品，可以不断降维，没有底线，只要卖出去就行。所以，长尾理论在逻辑上就特别有说服力。于是，商家可以使尽浑身解数挑逗消费者购买。但是，贷款是要收回的，在风险控制上是不可以无底线降维的。不明白这个道理，再高妙的技术也于事无补。

不仅如此，此时，另一拨黑势力也出来了，出现了所谓的黑吃黑。他们联合起来轮流在各个平台㩳贷款，或者说恶意骗贷，并且是群体性、批量性的恶意骗贷，让许多网贷平台防不胜防。大数据、云计算、人工智能、客户画像、智能风控模型之类的技术，面对这些主动送上门的风险客户毫无招架之力。于是，外包暴力催收，但对方是整村人，集体用暴力反对暴力催收，网贷平台无可奈何。因为这些人非常清楚，网贷平台是不顾一切地诱骗人们借款，同时把自己风控的漏洞暴露在外，他们就利用这些漏洞毫不客气地撂贷款。骗子对骗子，当然就没有心虚的问题。历史上，骗银行贷款的案例也不少，但都是个案，没有这样明目张胆、集团化、批量化的。因为骗徒们知道，银行不是骗子，在阳光下，有相对完善的风险管理体系和能力，没那么多漏洞，要骗成功，成本高、风险高，后果很严重。

　　第三，高估值前景的诱惑。为什么一些互联网金融的借贷会无节操地把无还款能力的人群作为客户？难道他们完全不知道贷款收不回的风险吗？我觉得也不完全是。虽然他们中的许多人更多的是互联网思维，但还是知道，贷款是要想办法收回的，所以才有大量的暴力催收。他们之所以还是要给大量无还款能力的人群发放贷款，原因是大部分金融科技公司从创业的第一天起，就有着高估值的愿景。一定意义上，高估值是金融科技公司创业的唯一目的，一切都围绕着高估值。民间借贷、黑社会放贷款，目的只是做贷款这笔生意，赚的是这笔贷款的钱。一些互联网公司，目的却是高估值上市，是希望通过高估值上市赚钱。

　　高估值也有理论根据，所谓资本市场投资的是未来。未来需要有故事。互联网由于信息传递的高效率，获客能力前所未有。因此，出现了这样的现象：某一项业务或服务，一开始高增长气势如虹，但很快就触达可能的客户群边界，顶到天花板，增长突然失速。为了维持已有的高估值，创造更高的估值，就必须有新的故事。于是，又有一种现象：许多公司过个半年一年就要讲新故事、新概念。

互联网企业所有的故事都可以归结为流量。流量即客户、流量即数据、流量即价值、流量即未来。只要有流量，目前有没有利润无关紧要。所以，互联网企业无盈利的情况下疯狂烧钱的现象比比皆是。以金融科技创新、普惠金融名义做的现金贷之类的企业也是如此，为了流量，贷款风险当然就在其次了。这就可以解释为什么会有那么多违反常识的所谓互联网模式了。比如向无还款能力的群体发放贷款，需要以金融创新、普惠金融、金融科技等的名义合法化这些行为，同时又不希望被监管，所以又说自己是新的金融形态，不是传统金融。因为，不合法，就不能这样大张旗鼓、明目张胆地向不合适人群发放贷款；不合法，就不能明目张胆地向社会集资，乃至从银行融资，或把资产卖给银行，即所谓为银行引流；不合法，就不能高估值募资，并最终上市。但合法持牌经营，接受监管，则不能获得超额收益，也不能无限度向无还款能力群体发放贷款，也不能无规则向社会集资、从银行融资。

第四，公开的非法集资。

因为有了巨大的流量，巨量的客户，就必须有资金可以放贷。这类公司本来就标榜是轻资产，不可能有这么大量的自有资金，集资便是必然之选。没有存款资质，非法集资就花样百出了。

这方面的表现又与传统的民间非法集资不同。传统非法集资，大多处于地下，有一定的地域限制，规模总体有限，造成的社会风险也是地域性的。而网络贷款这类公司，利用互联网非法集资，必须伪装成合法的，才能公开集资；同时也是因为互联网的特点，危害是跨区域的。结果，不仅规模大，危害的影响也是跨区域的。

非法集到的资金依然不敷巨大流量的使用，于是，企业进一步以合法的名义，向持牌机构融资，乃至把资产卖给持牌机构，把风险传递到金融体系内。

社会在前进发展的过程中，要不断鼓励创新，不断会有一些原来被禁止的行为合法化。但鼓励创新，让对社会发展有正面作用的行为合法化，并不等于可以放任自流，不用监管了。历史上被人作为笑柄的"禁酒"解禁后，许多国家对酒类的生产、销售依然有严格的管制。科技、金融业务等本身都是中性的，不具备道德属性，为善、为恶，在于人性，在于使用者如何使用，个别人的情怀并不能代表人类的人性。黑社会的高利贷、民间借贷、银行贷款、互联网贷款、现金贷、校园贷、714高炮等，作为贷款，不管用什么科技技术，都是金融业务。对于金融业务，必须监管。监管的宽和严，应该是规则制定的宽和严，这应该权衡经济发展需要和经济安全需要，没有绝对的宽和严。但在一定规则下的监管行为，则必须是严的，绝不能因为情怀、创新，以及目的的崇高而有宽严的区分。

需要认识金融产品和服务与一般工商企业产品和服务的区别，重新审视长尾理论和所谓互联网思维在这个领域的应用逻辑。

不能简单地以需求端的合理、合法，来反推供给端必然合理、合法。更何况，并不是任何需求都应该得到满足。比如，不能因为一些人缺少资金经营困难，一些人收入低生活困难，就认为无论用什么方式向他们发放贷款都是合理、合法的。贷款行为的合法性，主要在于贷款行为本身。再比如，消费者的非理性消费、过度消费，并不违犯什么法规，但对贷款人而言，给这样的人贷款至少是不合理、不审慎的，是必须接受监管规管的。再往深里说，这样的贷款会对借款人本人造成伤害，同时，不加控制还会形成严重的社会问题。

企业的价值，在于稳定的盈利能力。获取客户、流量的目的，是为了盈利。不能产生盈利的客户和流量，都是空中楼阁。一个企业从资本市场融资，目的是将所得资金投入企业的运营，以获取更大的收益。对于融资人来说，融资本身不是目的，更不是赚钱的方式，资本市场不是融资人的赚钱战场。资本投资人、企业经营者，不摆正这个关系，本末倒置，把资本融资、上市当作赚钱的方式，不仅企业一地鸡毛，个别行业也会一地鸡毛，我们的资本市场也不会是一个健康的资本市场。

# 数字社会的数据公共治理何解

随着新基建的加快建设，5G和物联网的应用，数字技术的应用将从经济领域扩展到整个社会领域，极大地改变人们的生活方式和社会运行方式。在憧憬数字社会巨大的正面效用的同时，我们更需要充分认识和评估数据互联互通可能带来的风险，高度重视数字社会的数据公共治理。由于数字技术的特殊性，风险传播的广泛性和渗透性，数据的风险不仅仅局限在个人隐私范围，而是具有广泛的破坏性，需要未雨绸缪制定防范策略。

## 数据互联互通存在的问题与风险

### 破除信息孤岛与数字安全的平衡问题

万物互联、数字化社会治理，无论是产业链、商业新模式，还是城市治理等，都需要打破信息孤岛。一方面，需要明确数据互联由谁主导的问题。是政府、科技公司还是其他机构？比如智能城市建设，需要的数据包罗万象，涉及多个行业和部门，这些数据应该由谁牵头收集，需要予以落实。另一方面，数据如何分类、如何管理，也是一个新课题。在数字化城市治理过程中，每时每刻都在生成各种各样的新数据。各政府部门、各类机构的数据不上网、不上链,智能城市建设、工业互联网建设、数字中国建设就不可能实现。但所有数据上网上链,如果管理不慎,又可能会有泄密的风险,甚至对社会和国家的稳定造成冲击。公共数据管理,不仅政府治理需要考虑,工业物联网等各类产业物联网系统都需要考虑。

**算法模型推动无意识羊群效应的风险**

人工智能技术是数字化社会建设的重要技术。虽然人工智能技术本身具有非常大的想象空间和发展前景,但其所需要的算法模型依然是人根据对相关事物的运行规律的研究进行设计的,算法所采用的要素始终有限,运算逻辑是单一并一贯的。面对突发情景,算法模型不会调整运算逻辑,改变应对策略和行动,更容易把事物的发展推向极端。

在金融领域,智能投顾、量化投资、高频交易等,已经多次发生使市场脱离经济基本面,某个信息的影响会不断放大,推动市场单向发展,最终导致市场崩溃的事件。

在商业领域,精准推送广告、媒体精准推送内容,也都是类似逻辑的极致应用。一些视频、新闻、商品的广泛传播,都是运用算法进行强行推广,与传统的传播方式有极大区别。传统传播是传播方有意识的行为和操作,但在算法模式下,传播完全脱离传播方的操作,由算法模型自动传播,不仅传播能力和速度远远超过人为操作,其结果往往会超出原有设计的控制范围。在传统模式下,对于谣言,可以追查整个传播路径,找到源头、分析原因、化解风险。

在算法模型下，传播什么信息、如何传播、传播给谁，是依据算法进行的，是无意识的。算法会依据自我发出的信息，放大影响，创造羊群效应，造成原本可能不会发生的传播效果。网红现象就是典型表现。如果在新闻传播中，一个本来没有什么意义的小新闻，甚至只是一个词语，由于触发算法要素，无限放大传播，在传播过程中，词语不断演化成话语和舆论，就可能造成严重的社会事件。但最后调查，发现事件的产生可能没有原因，也没有责任人。

### 社会机构无序采集信息的风险

自互联网经济诞生以来，各类机构都在采集信息，采集信息范围越来越广泛。但目前我国对机构采集信息的权力没有约束和管理。本来，利用数字技术改进售票方式，是为了提高效率，改善游客体验，但这类信息采集的泛滥，增加了额外的购票环节，降低了效率，游客体验很不愉快。过去，由于个人信息自我保护不慎，造成的损失由个人自己承担。从目前情况来看，造成个人信息泄漏的场合太多，个人也不知道有哪些部门和机构保存着自己的信息，更不知道这些部门和机构是否具有保护这些信息的法定责任，更无力举证这些部门和机构是否履行应尽的法律义务。

### 大型科技平台企业赢者通吃的垄断风险

各类数字科技平台打着"去中心化"的旗号，实际上是要成为垄断性平台，形成新的中心，进而赢者通吃。但是，新的赢者通吃与传统的垄断不同。传统的垄断，一般体现为一个产品或一类产品的垄断，最多是一个行业的垄断。新的赢者通吃，是平台企业试图对平台上所有可能业务的垄断。更有甚者，这些平台企业打着创新、打通信息孤岛的名义，掌握了海量的社会数据，包括个人、企业、政府部门等的信息。同时，平台本身又具有非常大的公共物品属性。即使不考虑商业上的垄断对其他市场参与者的挤出效应和对市场的扭曲，这样的企业，无论是出现经营风险、运营风险、技术风险、道德风险，对社会的危害都是灾难性的、系统性的，比传统意义上的"大而不能倒"的机构的垄断危害更大。随着5G和物联网的发展，不同领域的这类平台还会增加。

## 政策建议

数字社会中与数据有关的风险，不是单纯的行业风险、企业风险和业务风险，而是全局性的风险。因此，相应的治理，也要从全局的角度来着眼，上升到国家治理的层面。

### 需要从立法层面解决数据的分类管理

现在各方都在关注个人数据的隐私保护问题，提出了立法建议，这是非常必要的。与此同时，也需要对整个数字社会的数据管理进行立法。

首先需要对数字经济、数字社会背景下的数据进行分类。可以根据数据的性质、安全级别、社会层级等进行分类。数据分类管理中，特别要明确在国家、政府层面，事关军事、公安、金融等与国家和人民安全有关的数据应该如何保管、如何上网上链、如何应用。

其次需明确数据所有权、使用权,以及所有者、使用者的管理职责。

再次需要明确数据使用、交易过程中的法律责任。

最后,社会数据管理作为一个新生事物,又事关国家安全、社会稳定和经济有序运行,可以考虑建立专门的监管部门或监管机制。

**加强对不同人工智能应用的监管**

对面向社会公众的人工智能应用程序,需要有一套监管机制。企业及机构内部用于生产、管理、运营的人工智能,主要作用是提高效率、质量和综合协同能力。大多数产品中的人工智能应用,如无人驾驶技术等,亦是如此。但面向社会公众的人工智能应用,往往具有更强的营销性质,因而也具有更强的扩散性和放大效应,会对市场和社会秩序造成负面冲击。比如金融领域的智能投顾、量化交易、高频交易等,商业领域的算法推送营销,媒体的算法内容推送等。

在金融领域,智能投顾、量化交易、高频交易等业务模型,一般由专业业务人员设计,业务人员通常具备专业从业资格。鉴于这类人工智能的特点,监管应该在一般技术安全监管的基础上,再对这些技术应用实行人格化监管,即每一个算法模型上线,必须经监管部门认定资质,好比交易人员必须经过资格考试,持证上岗。持证上岗不能完全保证办理业务没有风险，因此在经营业务中依然需要持续监管，一旦发现问题就要取消资格。对人工智能算法模型也要持续监管，一旦触发监管红线，即做下线处理，同时对机构和设计人员进行相应处罚。金融机构内部，亦需依据监管部门的要求制定管理办法，强化对这类算法模型和有关人员的管理。

其他商业机构面向社会公众的人工智能算法模型，同样需要研究相应的监管办法，落实监管部门；机构内部也需要制定管理办法。

**数据采集和保存的管理**

随着数字社会的建设发展，不再需要各类部门和机构都参与采集个人核心信息和数据。建议在第一条立法建议的基础上，对各类部门、机构采集个人核心信息和数据，以及使用这些信息和数据做出规定，如无必要，应当明令禁止采集个人核心信息和数据。部门和机构因业务需要采集个人核心信息和数据，应将采集缘由、采集内容、采集方法、信息应用范围、信息保管方法、内部相关制度等内容报备相关部门，以备监管。报备本身可视作对信息安全的法律承诺。

制度建立后，应该对各类机构现在已经采集的个人核心信息和数据进行一次全面清理。

**建立超级数字平台监督管理制度**

一方面，我们需要客观认识超级数字平台的垄断问题。平台本身具有公共性，与一般的商业垄断、工业垄断不同。平台的集中，既是平台企业商业竞争的主动结果，也是平台具备提高社会运行效率的必然结果。以第三方支付为例，为保障支付畅通，市场各参与方必然会集中到共同的支付平台上。类比电信平台的逻辑，如果不同电信公司之间的电话互相不能接通，电信平台最后就只能集中到一家。监管部门第三方支付平台发了那么多牌照，实际成功的却不多，就是这个原因。而第三方支付平台在相互封锁的情况下，仍有几家共存，其原因包括两方面：一是背后有统一的银行支付结算系统的支撑；二是一些聚合支付公司提供聚合服务解决了第三方支付公司互相封锁的问题。随着物联网、数字社会的发展，在不同领域，这类平台还会产生。不能因为存在市场集中，就定义为垄断，并简单地加以拆分。应该看到，平台的集中是数字化转型的必要条件。

另一方面，也应该看到，现在的超级数字平台，与传统的服务型垄断平台不同，它们不仅为平台上的机构和个人提供服务，采集和占有平台上机构和个人所产生的海量数据，同时还应用这些数据和资源与平台上的机构和个人竞争业务。电信为社会提供电信服务，也在提供电信服务的过程中采集信息，但它们并不办理其他业务；同时，因为不同的电信公司在更大的电信频谱平台上竞争，它们对客户的挤压还是有所节制的。再比如SWIFT（环球银行金融电信协会），为银行提供信息传输服务，同样占有着海量的银行业务往来信息，但它并不办理银行业务，也不利用这些信息去开展其他业务。而现在的一些超级数字平台则完全不同，同时与被服务对象竞争,而且是垄断性竞争,于是就出现了赢者通吃的现象。不能不说,这个现象对数字社会的发展,特别是对数字社会条件下经济和市场的有序发展是不利的,一定程度上可能会引起巨大的经济动荡。

这些超级数字平台企业应该如何与市场、其他机构以及社会相处?这个问题难以单纯靠企业的道德自律解决,必须建立相应的监督机构和监督管理制度进行有效管理。建议参考金融控股集团和金融业分业监管的理念和方式,对超级数据平台企业集团内部不同业务板块进行风险和利益隔离。

在金融领域,不仅有分业监管制度、金融控股集团监管制度,即使对同一机构内部的一些特殊业务也有风险和利益隔离规定。比如在一些发达市场,对银行内部的金融市场交易业务,要求与其他业务部门有物理隔离和信息隔离,否则就有可能触犯内幕交易规定。以债券业务为例,公司客户部门可以投资客户发行的债券,资金交易部门可以买卖同一债券,但两个部门不能就这个债券互通信息。当资金交易部门在市场上获得该债券发行人的负面消息,可以决定自己是否减持该债券,但不能把这个消息通报给公司客户部门。

此外,平台所采集和占有的各类数据具有相当的公共性,不能单纯看作是企业的资产;同时,由于平台运行的特征,难以与所有被采集人签订保密协议。因此,对数据的采集、应用、保管、销毁等亦需要纳入监管范围,企业要承担法律责任。企业自身则需要制定经监管部门审核的管理办法和操作流程。

第四章

# 银行数字化转型新课题

# 银行数字化的逻辑与原则

在数字化的浪潮中，为避免迷失方向，我们同样要面对千古之问："我是谁？我从哪里来？要到哪里去？"银行的本质是什么？银行业务有什么逻辑和特点？银行业务发展的方向如何？只有搞清楚这些问题，银行的数字化才有明确的方向。

银行为什么要数字化？是为了适应数字经济的发展，为了在数字经济条件下更好地服务实体经济。银行数字化以后，必须摆正金融与技术之间的关系。

在金融创新过程中，在银行数字化转型过程中，我们需要两个技术：一个是金融科技，即科技技术；另一个是金融自身的金融技术。在金融领域，金融技术是主要的，科技技术是为实现金融技术服务的。比如，资产证券化，是一项金融技术。资产证券化的目的是让原来不能流通的资产通过证券化能够进入市场流通和交易。有效应用适当的技术，可以使证券化的资产交易更简便，流通更顺畅，但这不会改变证券化资产的任何金融性质。再比如，大数据、云计算等技术，解决了海量数据的存储、处理问题，但究竟如何存储和处理这些海量数据，还得看是为了什么目的而存储和处理。重要的是弄清目的，技术只是辅助工具。

所以，金融科技无论如何发展，进入金融领域，就要接受金融创新的挑战，适应并跟上金融创新的需要。绝不是反过来，要金融创新适应科技的局限性要求。同样的业务，在同样的监管下，如果有好的技术，却做不过传统金融机构，还要监管适应创新，拒绝监管，说监管扼杀了创新，这在逻辑上是说不通的。应该是同样的业务，在同样的监管下，应用了新的技术，业务可以做得更好、更有效，那才能显示出科技的真正力量。前些年，一些所谓的互联网金融之所以最后一地鸡毛，就是因为让金融迁就技术，为了流量，违反金融规律，降低风险管理标准造成的。

由于金融的公共性，从事金融业务，必须持牌经营。持牌条件下，金融机构应该积极应用金融科技，提高金融的创新能力和服务能力。不能因为有金融科技，就可以无证经营金融业务。有过硬的金融科技和金融技术，就应该有信心，泰然接受监管。

任何技术都有一个从创意到成熟的过程。一些技术理论上有非常强大的功能，但并不代表在研发阶段和应用初期就已经完美地具备了所有功能。由于金融风险对社会的系统性影响，金融领域不应该成为尚未成熟技术的试验场。一些金融机构说自己是一家科技公司，作为营销噱头未尝不可，但当不得真。即使是金融机构的科技公司，主要还是成熟技术的应用研发，而不是技术本身的研发。鼓励新技术在金融创新中的大胆应用，一方面应该是持牌机构的应用研发，另一方面应该是在监管沙盒约束中的应用研发。

明确了金融和技术的关系，明确了银行数字化的目的，我们就有必要认识银行自身。

## 银行的根本是信誉

银行的信誉与其他商业企业有很大的不同。银行的起源是货币兑换和货币保管。客户将资金交给银行,并不是购买货物,而是将未来使用的财富暂时存放在银行,可以说是将身家性命托付给银行。

越南、泰国、菲律宾的餐饮很有特色,你经常会去餐馆大快朵颐。但这些国家的银行,你会去存款吗?一般情况下不会。不是说这些国家的银行一定不好,而是因为你不了解,你下意识里不信任这些银行。即使是一些发达国家的老牌大行,2008年美国金融海啸后,之前卖给中国客户的许多理财产品也不能兑付,因而失去了许多中国客户对它们的固有信任。

因此,客户和社会对于银行的信任不是一般的信任。没有信任,银行就吸收不到存款;没有存款,银行就做不大,也做不好,更可能做不长。人们关注银行的资产质量,固然与银行的盈利能力有关,但更重要的是银行能否兑付客户的存款。正是这个根本特点,决定了银行业务的一系列特点。所以,银行数字化必须牢牢抓住信誉这个主轴,不能舍本逐末。

## 经营和管理资产与负债

经营和管理资产与负债,是银行信誉的重要保障。这是现实,也是方向。经过40多年的改革开放,中国银行业的资产与负债已不再局限于简单的存款与贷款。银行的报表从"资金平衡表"改为"资产负债表",不仅仅是报表名称的改变,更是经营内容和经营方式的改变。

现在银行资产和负债的种类丰富。就资产而言,信贷资产在银行总资产中的比重在六成左右,一些银行甚至不到五成。就负债而言,一般存款在银行总负债中的占比大致为七成。就收入而言,虽然利差收入依然是银行的主要收入,但存贷利差收入的占比在下降。

资产负债工作,以往更多是一项内部管理工作。随着资产与负债种类的不断增加,随着利率、汇率市场化,银行的经营不再是以存贷款为主,而是要在全行层面对资产与负债进行经营和管理,各类业务只是经营资产与负债下的具体业务运作,这是银行发展经营的趋势与方向。比如,在利率市场化的情况下,贷款时确定的利率已经无法锁定最终的收益,必须在资产负债层面的管理才能确保最终经营目标的完成。

正因为资产和负债的种类繁多,不同的资产与负债有着各自不同的规律和风险。不同的配置,不仅会有不同的流动性风险,还会有不同的经营效益。因此,资产与负债的结构配置、资产内部的结构配置和负债内部的结构配置,不仅是一项管理工作,更是一项全局性的经营工作。

银行数字化,必须是经营与管理的全面数字化,而不是局限在客户端和产品端的数字化。经营资产与负债,是全面数字化的主要方面,也是银行全面数字化的中心。围绕着经营和管理资产与负债,可以顺利地将数字化推进到银行经营与管理的方方面面。

银行数字化,不是在传统业务之外建立另外一套数字金融业务、互联网金融业务或者金融科技业务,应该是所有业务的数字化。

## 充分认识银行产品与服务同一般商品和服务的区别

银行的大多数产品与服务是过程,不是"一手交货、一手交钱"的交割买卖。存款只有在客户提取存款、注销账户以后,才算业务结束。贷款只有到本息全部收回,才是业务的完结。即使产生坏账,在账销案存的状态下,这笔业务依然没有结束,直到案销才能了结。

银行的大多数产品与服务,不是价值的转移,只是资金使用权的临时转移,资金最终要物归原主。

正是以上原因,银行的风险管理标准才不能简单降维。因此,在数字化过程中,银行不能简单应用长尾理论、互联网思维,更不能机械照搬降维打击、流量获客等营销方式。互联网企业、商业企业销售产品和服务是为了获客,为了增加业务量,可以通过不断降低产品和服务质量而不断降价,进行降维打击。但是贷款业务不能遵循这样的逻辑进行降维打击。比如销售理财产品,不能因为客户是低收入人群,就把风险高、质量差的产品卖给他们。

## 银行的主要业务不是高频业务

人们一般无事不会去银行，不会像逛商场一样地逛银行，也不会去各个银行的网站浏览比较，更不会同时下载各家银行的App。人们一般只有在需要办理银行业务或咨询银行业务时，才会去银行，进入银行网站，打开银行App，往往也只会选择自己的开户行。以存款业务为例，没有人会无聊到每天办理存款；至于贷款业务，如果你身边有人三天两头跟你借款，估计你不仅不会借钱给他，而且还会在朋友圈里拉黑他，银行就更不用说了。因此，对于存贷款业务来说，客户经理再怎么努力，App的客户体验再怎么好，都不可能将其变为高频业务。这也正是银行在学习互联网企业经验过程中的困惑所在。

所以，银行在数字化过程中，需要在充分考虑这个特点的基础上进行客户端的创新，而不是简单照搬一般互联网企业的获客方式和经验。需要分辨低频业务、一般业务、相对高频业务等，根据它们的不同特点，进行有针对性的数字化和创新，比如通过业务联动等方式，以高频业务带动一些低频业务。银行有两类业务相对比较高频。一类是外汇买卖、债券买卖、衍生品交易等交易类业务。这类业务非常专业，业务量可能很大，但客户群体比较小众。另一类是支付业务，以个人客户为主。但还是要认识到，有许多业务是不可能高频的。

## 银行业务对于速度的要求,不是单一的快与慢

在业务过程中,某个环节需要快,其他环节则有必需的流程,会比较慢。比如国际结算业务,在审单、支付环节,需要快,其他环节就不能追求单纯的快,这些环节有些是银行的操作规则,更多的是由客户贸易合同决定的,比如即期付款、远期付款等。有些业务是银行本身需要提高效率,降低成本,在客户端则不能一概而论。以贷款为例,银行本身当然希望审查简单一些、快一些,一方面是降低管理成本,更重要的是早贷款可以早产生效益。但如果客户方面每笔贷款从申请的提出到放款都需要秒速,说明客户的财务管理、业务管理等都非常混乱,这样的客户,无论是个人和企业,都不应该是合适的贷款对象。所以,银行数字化的方向,不应该是片面追求速度,而是在安全前提下流程效率的全面提升、客户综合体验的全面改善。对于银行客户而言,所谓的"客户体验"不单纯是办理业务时的体验,甚至办理业务时的体验可以说是次要的,银行提供业务的功能给客户的体验才是第一位的。比如贷款,贷款的方式、期限、利率、利息收取方式、还款方式等,是客户真正要体验的,至于贷款的申请过程,则是客户次要的体验。

## 开放银行的要义

现在有两种不同的开放银行叙述。一种是,银行应该向科技公司开放数据、客户、客户账户、业务、资金等方面的信息,然后由

科技公司为客户提供银行服务。一种是，银行将业务接口开放，并把银行业务接入各类场景中，在各类场景中响应客户的即时金融需求。

开放银行，对谁开放？不应该在银行和客户之间增加一个甚至更多的中间环节。许多人说要去中心化。实际上，去中心化是一个伪命题，所有喊要去中心化的，都是希望去掉现有的中心，自己成为中心。所谓"平台"，就是这样的中心。

向各类场景开放相关业务接口，让客户在任何场景中可以方便地办理相应的银行业务，这才是开放银行的真正要义，也是数字化转型在客户端的重头戏。

由于银行业务的特点，并不是所有产品和业务都可以由客户自主定制的。所以，在满足客户特定需求时，还是要分别不同的业务，以不同的方式来满足客户的需求，而不能盲目地将所有产品和服务交由客户自主定制。

开放银行很重要的一个前提，是与各类机构、场景进行广泛的合作。但合作不是让自己消失。在合作中，银行必须始终明确自己的定位和角色。在合作中，并不只有银行对各合作方有需求，银行同样也是被需求的合作方。在开放合作中，必须始终牢记自己的获客能力、业务能力、风险管理能力、科技创新能力、数据隐私保护能力是确保银行自身信誉的基础，也是保证银行行稳致远的根本，也是银行有底气开放的前提。

# 银行应用金融科技的方向

**银行应用金融科技创新的四个着眼点**

今后,银行应用金融科技创新的着眼点主要在以下4个方面:

首先,要关注的是投资方、融资方需求的变化。

经过40多年的改革开放,中国的企业发生了巨大的变化。中国是世界上工业体系最完整的国家,可以说具备所有的工业门类。从规模讲,中国具有从个体经营户、小微企业到跨国巨型企业等丰富的企业层次架构。各种类型的企业集团之间,不仅不同企业集团相互有差别,即使是一个企业集团内部不同成员企业之间也有千差万别的关系,有上下级关系,有管理关系,有合作互补关系,也有纯粹的商业关系,更有单纯的财务投资关系。传统上,我们的投资人主要是政府、企业自身、储户,现在有了不同类型的金融机构投资人和众多的非持牌专业投资人,包括机构和个人。无论是投资方还是融资方,都发生了巨大的变化,随着他们的发展变化,投融资需求也在不断发生着变化,需要银行应用金融科技不断创新来满足这些需求。

其次,要关注的是社会运作方式、商业模式的变化。

随着科技的发展与广泛应用,人们的生活方式发生了很大的变化,社会的运作也跟着发生了变化。比如交通管理随着交通工具的变化而变化,也进一步带动了社会管理的变化。政府公共服务内容的增加、服务方式的丰富,也需要银行等金融机构通过创新来跟进和服务于这些新的变化。

这些年,因为互联网的应用,商业模式也有了许多新的创造,无论是企业对企业,还是企业对个人,甚至个人对个人。新的商业模式,对银行服务提出了新的需求。而许多新的商业模式,不再是简单的买卖关系,商品交易、服务交易相互交融,同时,合作等行为也融入商业模式当中。这些也对银行的创新提出了新的课题。

再次,要关注的是监管政策和监管方式的变化。

自2018年以来,国家出台了一系列金融监管政策。舆论说是"强监管、严监管"。我认为这是与新时代相应的金融监管体系改革,是金融改革的重要组成部分,将深刻影响我国金融行业的改革开放。这不是一时的政策变化,而是决定我们要建立一个什么样的金融体系和什么样的金融市场的一场深刻的改革。我们要建立一个法制化的、有规则的、有序的金融体系和金融市场。只有这样的市场,才能进行有效的资源配置。金融的创新,金融科技的应用,必须符合金融监管变化的要求,在合规合法、安全的前提下进行有效的金融创新。

最后,要关注的是技术发展给金融创新提供的可能性。

技术为金融创新提供的可能性空间是非常大的,需要我们突破固有的思维框架,进行大胆的尝试。同时也要按照金融本身特有的规律,来审视各种可能性。总之,是利用创新的科技进行金融创新,而不是进行科技创新。

**新时期银行业金融科技创新的基本趋势**

第一,银行要充分利用技术,进行内部管理和流程创新,实现内部营运、管理的科技化和数字化。人们一般更多地把眼光放在客户端产品的创新上。但是银行内部管理的信息共享、流程效率的提高、管理和营运成本的降低、风险管理能力的加强、科学有效的资产负债管理等,是产品创新的基础和前提。要在合规、符合业务逻辑和有效应用科技的前提下实现有效创新,必须实现银行内部营运和管理的科技化和数字化。只有内部管理和流程的数字化,才能真正从根本上改造银行的流程和架构,打通信息区隔、业务区隔、营销与管理区隔,为金融科技的金融化创造足够的空间。否则,仅仅是产品端的创新,金融科技走不远,更不要谈颠覆。比如,为客户提供一个新产品,不仅要关注客户的相应需求、客户的体验,就银行内部看,还需要与客户相关的各类数据的收集与分析、银行内部各类资源的整合与调配。这些数据的治理,既要给这个产品的创新以支撑,也要满足银行风险管理和内部核算的需求。

第二,打通银行各类业务和产品的通道,提供模式化的服务。以前银行不同业务是相互分离的,贷款、结算、外汇买卖、对公业务、个人业务等都是分离的。互联网等技术的发展,使我们的生活方式、企业运行方式发生了变化,需要我们打通不同的业务和产品的区隔,并提供相应的服务,同时技术也为这样的打通提供了更好的工具。应该说,打通各类业务和产品的通道,不是有了金融科技才开始的。银行一直在这方面进行着探索与创新。以传统业务为例,信用卡业务最初解决的是支付和信用问题,随着技术的应用和服务模式的创新,现在实际上是贷款、清算、支付、兑换、提现等业务的整合。再如,为企业提供代发工资服务,是在做对公业务的同时把个人业务整合了进来。现在,运用新的金融科技,我们可以把贷款、信用证、承兑汇票、存款、代发工资、清算、托收等业务和产品组合成一个统一的模式或方案,在一个平台上提供通盘的服务。

第三,打通银行服务与客户内部运营、管理的通道,提供模式化的服务。随着企业组织架构的发展变化,其内部管理越来越复杂,传统的财务管理理念和手段已经不适应现代企业集团的管理需求,需要以金融的理念和工具来提升内部资金管理的水平,提高企业资金的流动性,降低资产负债率。现代企业的组成方式越来越多样,投融资渠道和方式也越来越多元化。这对企业资产负债表的管理提出了新要求。传统上,企业的资产负债表的管理基本上等同于财务管理。但是,现在一个集团的资产负债表的管理,不是简单地把集团所有成员的资产负债表加总就可以了。同时,由于融资渠道和方式的多样化,资金来源与运用不仅要保持期限错配的合理性和安全性,更要确保不同融资方式与资金运用的合理匹配以及不同融资方式占比的合理性。这不仅是集团层面的问题,也是所有成员要面对的问题。因此,企业也需要以金融的理念来管理自己的资产负债表。这方面,银行可以利用金融科技创新,为企业提供金融化的服务方案和工具,帮助企业建立管理资产负债表的能力。银行通过创新赋予企业金融能力的同时,也可以满足自身业务发展的需求。

第四,打通银行服务与新商业模式的通道,提供模式化的服务。新兴技术条件下的商业模式,企业之间的关系已经超越了传统的商品买卖关系,需要有新的金融服务模式与之相匹配,同时这样的金融服务又能进一步促进这些新商业模式的健康发展。比如信用证结算,就是把银行的服务和产品,融合到企业的商品交易过程中。现在在探索的供应链金融,也是在寻求打通银行服务与商业模式的通道。在互联网条件下,资金流、信息流、物流的整合更需要银行的创新参与。万物互联,没有金融的参与,是不能最终走向成功的。

我曾经走访过一个企业,企业上游的原料供应商都是小微企业。方式上,上游企业把原材料存放到该企业的仓库,过了一定时间,该企业将货款结算给上游企业。这样,该企业账上不用反映应付款。但上游企业会有较多的库存,资金比较紧张。一般供应链融资可以解决这个问题,但需要核心企业提供担保。该企业不是不愿意为这些上游企业担保,而是不希望在账户上反映对外担保。我认为可以应用技术手段,将该企业和它的上游企业与银行连在同一个平台上,当上游企业将原材料存入该企业仓库,由该企业开出电子仓单给上游企业。仓单必须注明:存入的货物、数量、质量、价值等信息,同时,该企业需承诺一定时期后见单无条件支付货款或与仓单相应的货物。上游企业可以在平台上将此仓单质押给银行融资。贷款到期,如上游企业不能按期还款,银行可以凭此仓单向该企业收款。这里的关键不是单纯仓单的质押，而是该企业对于仓单的见单无条件付款承诺。科技要解决的是流程的简洁与快速，仓单的真实性和流转的安全性。也就是创新不能背离金融的本质。

现在的商业模式，除了传统的货物贸易和服务贸易，还出现了一些新型的商业模式。传统的第三产业，主要是为实现第一产业、第二产业生产的产品的使用价值服务的，另外还有一部分是为人的生活提供服务的。现在有许多商业模式很难归类到这些服务业之中，比如网络游戏。传统上也有游戏服务，比如棋牌室，提供的是游戏场地和工具，提供的不是游戏本身，收取的是场地费和器具使用费。扑克牌生产商只是生产扑克牌这个商品，并不生产掼蛋这款游戏。网络游戏、程序开发社区生态等诸如此类，名目繁多，这些虚拟经济中的价值媒介、金融逻辑、价值流转方式等，都与传统商业模式不一样。有人将其定义为数据服务、流量服务等，其中的商业模式也是各不相同。这是金融创新服务的全新领域，需要更大尺度的思维突破。

**银行应当积极探索的三大业务方向**

银行需要积极探索的业务方向有三：

一是资产管理。为什么要建设多层次资本市场？一方面是使需要融资的企业有更多的融资渠道；另一方面是让投资者有更多的投资渠道；更为重要的是丰富融资体系，分散社会融资风险。也就是说，要分流银行的间接融资。不过，银行在多层次资本市场建设中不是缺席者，而是重要的参与者。发展资产管理业务是银行参与资本市场建设的重要手段。但资产管理业务不是银行信贷业务的新通道，更不应该是监管套利的通道，而应该是为客户（资金提供者）寻找合适资产（投资标的）的服务方式。因此，银行要依据资管新规，明确自身的定位，创新符合银行角色的资产管理产品和服务方式。

二是广义的国际业务或金融市场业务。一方面，随着利率市场化、汇率市场化、人民币国际化，以人民币为基础的衍生产品市场具有非常大的发展空间；另一方面，"一带一路"倡议也会对我国经济的发展带来拉动作用。在"一带一路"倡议的实施过程中，对"一带一路"沿线的投资与贸易，与传统的跨国投资、跨国贸易在形式上并不完全相同。金融服务上如何突破简单的贷款业务，开展全方位、全新的跨国金融业务，是未来需要探索的一个重要课题。

三是企业并购业务。我国企业并购业务市场，虽然发展很快，但依然是初级的、不成熟的。银行如何为企业并购提供相应的金融服务，还没有成熟的产品和服务模式。这也是今后一个重要的创新领域。

# 数字化转型之对公业务新课题

银行数字化转型的目的是更好地提供银行服务和更有效地创新银行业务。不是为数字化而数字化，更不是单纯的技术创新。所以，银行数字化转型，一定是数字化技术围绕着业务进行的，只有深刻地理解新形势下银行业务的发展趋势，才能实现有效的数字化转型。

同样是提供汇兑和存贷款服务，早期中国的银行替代票号和钱庄，依靠的不是技术，更没有进行直接的竞争。银行的创新和转型体现在首先是突破了客户的局限。票号主要是办理汇款业务，为政府与富人服务，基本不面向一般民众；钱庄办理存款贷款和兑换，严格以富人和官员为服务对象，可以说是熟人业务，办业务只认人，不管资金用途。而银行则把业务扩展到一般百姓和工商企业。其次是创新业务模式。银行吸收存款，个人一元就可以开户，并且广泛吸收普通人的储蓄存款。普遍开办抵押贷款，对企业生产经营进行风险评估。最后，银行集票号与钱庄功能于一身。银行这样的创新，不仅给自身创造了发展的机会，更是改变了借贷的社会经济功能，极大地促进了社会经济的发展。传统上，借贷的功能主要是调剂资金上的临时余缺，最多是商人出门做生意借款作为经营本钱。银行这样的创新，在突破熟人社会局限的同时，也让社会扩大再生产突破了积累的局限，加快了社会生产的发展。以后股权融资的产生，更是加快了投资的发展。

电报、电话刚发明时，其背后的科学技术，也可以说是金融科技，票号、钱庄并不是没有能力应用。就人才而言，各家银行除了行长大多数是海归，其他许多人才都是从钱庄挖来的。关键是，票号和钱庄，包括当时在华的外资银行，都没有关注现代科学技术冲击下中国新兴的现代工商企业和城市居民，也没有去研究相应的业务模式和风险控制模式，而当时新兴的华资银行做到了。票号、钱庄，很快就因为它们所服务的对象和业务被历史的洪流所淹没而衰落，以至于彻底消失。由此可见，银行并不是因为叫"银行"才迭代票号和钱庄的，而是因为创新服务模式，服务了代表未来经济发展方向的客户而发展壮大的。

我国第三方支付的蓬勃兴起，并不是因为有关公司有技术，而是因为它们发现了在互联网技术条件下，网上交易的支付需求。当时银行也关注到了这个需求趋势，并且有技术能力满足这样的需求，但由于种种原因没有去实施。第三方支付的基本原理，就是第三方支付公司用它在银行的公司账户为用户建立了一套子账户系统，应用这个子账户系统为用户之间的支付进行记账结算。操作这个系统，可以利用互联网技术，也可以利用电报、电传、电话技术，甚至邮寄信件、票据传递。在网上交易的场景中，利用数字技术当然就是顺理成章的事。

客户体验是产品创新的最后环节。没有内容的创新，终究只是花拳绣腿。近年来金融科技领域的许多伪创新，就是因为只有花拳绣腿，高光一时，不久就黯然失色。新常态下，银行数字化转型必须直面银行业务的新问题，通过解决新问题最终提供良好的客户体验。

客户对银行业务的体验，并不仅仅是在网上办理业务的过程中，更在于银行业务帮助解决客户生产、经营和生活问题的能力。以存款为例，存取款方便是体验，存款的安全性、存款期限的设置、存款利率、利息的计算方式、利息的支付方式等，是更丰富、更实质的体验。贷款，审批的快与慢是体验，但对客户来说，贷款方式、贷款金额与期限是否符合经营与生活需要、贷款的使用与还款方式、利率、利息的计算方式和支付方式、贷款的制约条款、以后在贷后管理中银行对于客户经营的帮助等，才是客户真正需要体验的内容。

当前银行数字化转型中面临的业务问题，主要有两个方面：一是面向客户端的问题，二是银行自身经营管理的问题。

关于银行数字化转型中客户端的问题，这些年在个人业务和小微企业业务方面有了比较多的探索，不能说非常成功，但成效是显著的。但近年来在支持实体经济方面，银行依然感到困难重重，原因是银行面临的经济环境有了许多新的变化和新的问题，银行旧有的业务模式，特别是风险管理模式已经不适应这些新变化和新问题。新问题意味着未来的方向，数字化转型只有解决面向未来的问题，才可能实现成功的数字化转型。银行客户端的业务问题，本质上是风险识别与管理。

下文将着重分析银行在对公业务中遇到的新问题。这应该是银行数字化转型问题导向中的重要导向之一。

第一，企业形态发生变化，传统风险评估方式已经不能适应。

银行对企业的信贷风险评估模式，是建立在单个生产企业基础上的，并随着企业形态的变化，不断丰富发展。因为企业发展为集团，所以现在有了集团授信。但风险评估的基础还是单个企业，把集团企业看作是一个同质的整体。现在企业集团的形态复杂多变，原有的风险评估方式或模型已经不适应新的情况。

现在许多企业集团的组成，集团下有分公司、子公司；有上市公司和非上市公司；有全资子公司、控股子公司、参股公司和合作公司等。而传统的集团企业，往往从上到下，子公司、孙公司等都是全资的，可以说就是一家人。在风险评估中，完全可以把它们看作一个整体。但现在的集团企业，一方面必须把它看作一个整体，但另一方面又不能完全把它看作一个整体，即不能把个体单纯看作是整体同质性的一部分。在这种情况下，单纯依据集团企业的财务数据确定一个集团授信额度，再将这额度简单分解给下属分公司、子公司，显然是太粗放了。

如何评估一个企业集团整体的风险？需要哪些数据？如何获得这些数据？如何确立这些数据间的关系？一个集团中，有些子公司、分公司在业务上与集团具有强关联性，它们的风险也与整个集团具有强关联性；还有些子公司的业务与集团整体经营关联性比较弱，甚至没有什么关联性，子公司的经营风险不一定会对集团产生影响。反过来，因为是强关联性，集团或集团其他成员经营有风险，必然会影响到子公司的经营；如果是弱关联性，甚至无关联性，则集团或其他集团成员经营出现风险，不一定会对这家子公司的经营产生影响。这些情况在不同的企业集团有不同的表现，可能没有统一的标准，但需要找到一些基本规律。在这个基础上，应该运用适当的数字科技收集数据，建立针对不同企业集团的风险分析模型。在分析整个集团风险的同时，又能分析每一个集团成员企业的不同风险。

现代企业集团不仅组成结构复杂，而且地域分布广泛，不少是全球布局。不同区域的文化环境、法律环境不同，企业经营的风险也不仅仅是财务报表所能反映的。这也需要广泛的数据收集和治理，以分析跨区域的各类风险。

企业集团是在动态变化中的。企业并购市场的出现，使得一个企业集团的发展不再是自我生长式的扩大，而是可以在自我生长的同时通过并购来迅速扩大发展。有并购，也就有出售。这就带来了企业集团边界的不稳定性。曾经一个基层银行的朋友谈他当时的烦恼：他们银行有一个非常好的长期客户，是一家集团的子公司，业务稳定，信贷额度及对银行的贡献度都占了比较大的比重。这个子公司后来被出售给了另一家集团企业，但总行对这家新的集团企业没有集团授信，因此就意味着必须收回这家子公司的贷款，待总行对这家集团企业进行集团授信后，再评估对这家子公司的授信。实际上，这家子公司当时除了股东变了，经营管理方式等都没有变。

这个案例反映出，目前银行集团企业风险管理中还没有考虑的几个问题：（1）对集团边界变动的风险管理。授信合同中应该如何约束企业如此重大的变化;银行是否应该参与到收购与出售的谈判中;如何安排收购与出售过程中相关授信敞口的过渡安排,以确保授信敞口的安全等。(2)对收购与出售本身的风险评估和管理。以前少量的并购贷款,一般评估是从并购方集团企业的角度,对被并购项目或子公司的投入产出,以及并购后对收购集团企业的协同效应进行评估,总体上是非常粗线条的,没有比较成熟的模型。但对出售项目或子公司的集团企业,却没有风险评估的概念。一个集团企业出售某个项目或子公司,其目的何在?会对集团本级带来什么影响?被出售的子公司在整个集团产业布局中处于什么地位?会对集团其他成员的经营带来什么风险?银行如何调整对该集团企业的风险策略?这些都是需要考虑的。(3)对并购标的项目或子公司本身由于并购而可能产生风险的管理。对于被并购的项目或子公司来说,虽然项目和子公司没有变化,但新股东对它的策略与原股东肯定是有所不同的,它在新集团中的地位和作用也与在原集团中不同,更何况新股东一般还会调整它的经营班底。那么,银行对于这家子公司的风险策略当然也需要及时进行调整。以上这三方面的风险管理,都需要收集不同于以往风险评估的数据和信息,需要不同于一般情况下的授信风险管理模型。

关于集团动态边界,还有一个更复杂的情况,就是通过并购或股权交易,子公司股权结构变化所带来的风险。这需要更多的信息和数据,要建立更加复杂的分析模型。

第二,一些新兴行业和产业,其投入产出的规律不同于传统第一、第二和第三产业。

随着包括数字科技在内的新兴科技的发展，涌现了许多新兴行业和产业，这些行业或产业的投入产出有其自身的特殊规律，目前银行还在探索这些规律。比如动漫产业、文化传播产业、康养产业、科创产业等。

以动漫为例，在投入的时候，难以预测某一部动漫的票房价值。我们不知道在成功的《喜羊羊与灰太狼》背后有多少不成功的动漫作品，而成功的《喜羊羊与灰太狼》在成功之前，也没人能想到这会是一部爆款动漫。动漫的单个作品如此，对一个动漫企业来说，同样无法用传统的方法评估它的风险。其管理团队的管理能力，并不能保证他们所有作品的平均市场成功率；同样，其主创人员的创作水平并不等于他们作品的市场前景。

以科创产业为例。科创产业虽然大多数也是生产商品，也是生产型企业，但与传统生产型企业最大的不同是，它从技术到设计到生产到市场，都是新的，甚至都还只是概念和想象。传统生产型企业虽然也有新科技、新产品，一般研发和生产经营是分开的，研发的技术和产品只有到了相当成熟的程度，并且要经过充分的市场调研和评估，才会正式进入生产领域。这个时候，银行对企业新投入的风险评估也有了基本的依据。现在的科创企业，往往只有一个技术概念，或一项科研中的技术，今后的应用领域还在想象阶段。对于银行来说，没有任何可以进行投入产出可行性研究的依据。尽管许多银行推出各种抵押担保方式对这些企业给予积极支持，但终究对项目本身或者说第一还款来源没有把握。

这类企业还有一个特点，管理团队大多数缺乏经营管理能力。

这也是银行在服务这类企业时非常困惑的一个方面。

银行支持企业，是用客户的存款发放贷款，首先要保证的是客户存款资金的安全性，所以收回贷款本息是第一要义。同时，银行也很清楚，这些新兴行业和产业，是经济未来的方向，银行必须积极为它们提供有效的服务，才会有银行自身的未来。这需要从两个方向来考虑。

一是寻找针对这类新兴行业和产业的新型风险评估方式，发现能确认其第一还款来源的强相关数据和信息，探索这类企业成功与失败的规律，从而形成相应的风险评估模型。

二是创新服务模式。也许大多数新兴行业和产业在初创时期确实不适合用信贷方式进行支持，银行是否可以探索一个既不同于信贷，也不同于投行的服务模式呢？在可见的将来，我国金融体系依然是一个以银行为主体的金融体系，那么，支持和服务代表着未来经济方向的新兴行业和产业，就不能没有银行的力量。所以，银行应该大胆创新金融服务模式。

银行在这两方面的创新，都需要借助于数字科技。

曾经有一段时间流行投贷联动，投贷联动对新型企业肯定有帮助。但是这里面有一个问题，投和贷是两个不同性质的产品，在联动过程中，特别是在遇到风险的时候，投和贷之间的风险隔离怎么解决？

我们为什么要重新规定金融控股公司运作规则，对金融控股公司制定一系列的风险隔离要求，原因也是在这里。因为金融控股公司可以协调不同的金融业态，可以进行投贷联动。甚至保险等都可以互相协调,但互相协调的后面会有道德风险。当"投"这边出问题的时候,为了掩盖投的问题,有可能用"贷"去弥补,风险会越来越大。为什么美国总是在银行的混业经营和分业经营当中摇摆不定,实际上也是这个原因。

第三,新商业模式和新上下游关系,既对风险评估带来挑战,也给业务创新提供机会。

以计算机和互联网技术为代表的数字科技发展迅速,发展过程中产生了许多新商业模式,改变了传统的上下游关系。传统的企业上下游关系,基本上是一种买卖关系,银行服务企业、对企业进行风险评估,基本上就是服务单个企业本身,风险评估也是评估贷款企业本身的风险,不需要考虑上下游企业的情况。也可以说,银行对产业链上下游企业的服务是割裂的。新商业模式下形成的新型上下游关系,是各种共生共存共发展的场景关系,给银行的服务和风险评估带来了全新的课题。

随着万物互联、人工智能、虚拟经济的发展,经济活动将更多地以平台为中心展开,更可能会有相当部分的经济活动在纯粹的虚拟现实中运行。这些场景,又会产生什么样的新商业模式?会有什么样的金融需求?银行如何进入这样的场景提供服务?这是银行未来的发展机会。只要是经济活动,就会有经营风险、交易风险和市场风险,银行需要去认识这些风险,并在认识这些风险的基础上创新服务模式和产品模式。

在万物互联条件下的数字经济,各类数据的产生与获取会更加容易和丰富,银行需要识别与风险有高相关度的数据,并且在高相关度的数据中识别与风险有因果关系的数据。一般来说，数据具有评价、标签、说明功能，但数据本身不具备信用属性。只有当数据或数字资产实现证券化，具有法律意义上的权属和流通市场的前提下，数据才会有信用属性，对借款人还款具有强约束力。这是银行在数字化转型中提供数字化金融服务的基本原则。

在运用金融技术对数据进行金融化改造，赋予数据信用属性的同时，银行要为平台经济、供应链经济创造"融资+支付"的高效服务模式。在这样的模式下，并不是机械地、平行地为平台或供应链上的企业同时提供融资，而是根据物流、数据流和资金流的运行状态，在支付结算的同时提供融资，以期最大限度地提高资金的周转速度，降低整个平台或供应链的整体融资量和融资成本。必须看到，降低企业融资成本，不是靠银行降低贷款利率能解决的，贷款利率是由市场供求关系和借款人的风险评级决定的，不是数字技术和银行自身能决定的。只有通过提高资金使用效率来降低借款人的融资量才是降低融资成本，改善企业资产负债表的有效途径。这是银行在数字化转型中提供数字化金融服务的基本要义。

平台经济同时也是零售金融和公司金融的交互平台，这也是银行在数字化转型中需要着力研究的一个重要方向。在这方面的创新，反过来对目前已经在数字化技术应用方面有较大进展的个人金融业务、小微企业金融业务会有更大的促进作用。

关于在数字经济条件下提供数字金融服务，还有一个需要探索的重大课题，就是在一个平台上、一个供应链上或一个集群中，多家银行如何共同合作提供服务。可以想象，今后各种各样的数字化平台，大多数不可能只由一家银行为平台上的所有参与者提供服务。在平台上，各家银行在竞争的同时，如何在资金流、物流、数据流的各个环节有效配合，关系到整个平台的运行效率。

第四，金融生态发生变化，一方面对银行形成竞争的压力，另一方面带来评估企业资产负债风险的难度。

我国多层次金融体系的发展，使企业融资渠道越来越丰富多样。就宏观市场占比而言，当然是对商业银行的信贷市场形成了挤压。但就业务总量和市场机会而言，银行业务创新的空间更多，发展余地更大。首先是社会经济总量在增长，银行的信贷总量也是相应增长的。其次，商业银行除了信贷投资以外，也有了其他资产的投资机会。再次，应多层次金融市场的需求，各类衍生品等金融市场业务的发展空间巨大。最后，商业银行增加了服务非银行金融机构的机会。

企业有了更多的融资渠道，一定程度上减轻了银行信贷的压力，但也增加了银行评估企业经营风险的难度。

在只有银行单一融资渠道的时候，企业的负债主要就是银行贷款、应付款和预收款三大项。银行评估企业的经营风险和财务风险非常简单，主要就是分析报表。后来银行多了，竞争激烈，就要适当分析企业多头借贷的错配风险。对许多民营企业还要调查它们的民间借贷风险。再扩大一些，还要评估企业的负债风险，比如信用证、保函、为其他企业和个人提供的担保等。

在多种融资渠道的情况下，企业的负债除了上述负债外，还有债券、信托贷款、资产证券化融资、各类信托计划形成的负债等。

不同的负债，不仅有不同的期限，与资产形成了错综复杂的错配结构，而且各自有不同的债权债务规则和风险规律，形成了负债结构的风险错配。以债券为例。同样是债务，债券与贷款的规律和风险是不同的。债券是直接融资，从发行开始，就是在全市场信息透明的；贷款是企业与贷款银行之间的协议。债券是可流通的，发行上市以后，持有人是在变化中的；贷款的债权人一般情况下是固定的，即使有债权转让，债权人也是明确的。贷款利率始终按照贷款协议执行；债券利率虽然按发行协议执行，但债券在流通中的价格是随行就市的，收益率会随之发生变化。债券价格的变动，虽然对发行企业本身的财务没有影响，但会即时影响企业的声誉和再融资能力、再融资成本，给企业的经营带来实质性影响。当债务到期还款有困难，如果需要贷款，企业可以和贷款银行进行私下协商；但债券的话，无论是不是找到所有债权人进行协商，企业等于已经向市场宣布违约了。

　　股权融资，无论是上市前的各类股权融资，还是上市公开发行，都有不同的规律和风险，都会对企业的经营产生重大影响。股价的变动、估值的变动，有时是市场对企业经营变化的反应，有时则纯粹是对市场流动性、市场利率等市场风险变化的反应，但一个企业股价和估值的变化，都会对企业的经营发展产生重大影响。股权虽然不是债务，投资人获得的是投资回报，但对于投资人来说，是保证本金安全前提下的利益最大化。分红是收入，股权的溢价也是收入，根本上来说是希望连本带利收回来。所以，对于融资人来说，依然是债，是需要通过经营来提供回报的。因此，一些上市公司为了维持股价，在勉力经营的同时，还要腾出精力和资源做市值管理，有些还因此负债累累。

银行原有的对企业资产负债风险的评估，主要是依据财务报表，涉及一些总量指标，比如：资产负债率、流动比、速动比，还有库存、应收款占比等。以上这些涉及各个资产和负债品种的风险，银行传统的风险管理模型中是没有的。现在各家银行都会关注这些情况，但没有成熟的、规范的方法，这也是一个新课题，需要深入研究。比如在负债中，各类负债是否需要有一个合理的比例结构？各类负债与资产如何匹配才是相对安全的？企业发行的不同评级的债券对企业经营及再融资有哪些影响？企业债券市场价格及股价的变化对企业资产负债和经营的影响等。在这些方面，跟踪数据、收集数据、分析模型等可以说付诸阙如，各类金融科技在这些方面是有大展身手的天地的。

第五，绿色经济发展提出信贷风险新课题。

绿色经济既是我国经济发展的战略，也是今后国际经济竞争和斗争的重要领域。中国提出了"3060碳达峰碳中和"目标。这是一项艰巨的任务，也将是一个巨大的市场，银行在其中会有很多创新和发展的机会。

关于绿色金融，可能更多的是从道义、社会责任角度研究银行如何发展绿色金融，支持绿色经济和绿色产业。我认为，发展绿色金融虽然是银行的责任，但更是银行必须去开拓的未来市场。绿色经济和数字经济一样，都是未来经济的方向，银行只有服务未来经济，才会有自己的未来。

银行要支持和服务，首先依然是要研究服务对象、支持对象的风险。关于绿色经济的风险，须注意以下三个方面的问题：

一是绿色产业、绿色行业的风险。银行要支持发展新兴的绿色产业、绿色行业，首先就要认识这些产业、行业的风险，包括技术、成本、安全、市场、经营管理等风险。有些风险依然可以应用传统的风险评估模型来评估，有些可能用新的评估数据和模型来评估。有些更需要在认识风险的基础上创新服务模式。比如碳交易，银行可以提供哪些产品和服务，如何提供产品和服务，都是需要认真研究的。目前发行绿色债券、基金等，都还是初级的，只是处在确认绿色产业、绿色项目阶段，对这些产业、项目的风险的识别还是不充分的，还没有成熟的风险管理手段。

二是传统企业、行业的绿色改造和升级。形式上，这与传统的技术改造相类似，但实质是有很大区别的。技术改造，是通过引进成熟的新技术，达到这样一些目的：提高产量、提高效率、提高产品质量、降低成本、创新产品、完善生产环节或产业链等。可以说，经济目标很明确，投入产出的逻辑也很清晰。但绿色改造与升级则大不相同，在一定阶段可能只有投入，或产出不能通过投入直接测算。也就是说，企业经过绿色改造，生产的还是原来的产品，产量和市场也没有变化，即投入没有带来产出的变化。所以，对这样的企业与项目，风险评估和管理的逻辑就需要改变。

三是要对银行自身存量客户和资产的绿色风险进行评估，并制定风险控制策略。"3060碳达峰碳中和"目标的实现，是一个过程，但不会是一个匀速的过程，在这个过程中难免有一些企业被无情淘汰，从而形成银行的不良资产。银行在支持新兴的绿色产业、绿色项目、绿色改造的同时，需要对现有的存量客户和资产进行动态、全面的绿色风险评估。这方面要防止一刀切退出的粗暴方式，因为这不仅会给企业和社会带来风险，也会给银行自身带来不必要的风险。需要研究国家相关政策出台的节奏，对企业进行分类，比如，可以分为近期可能触发绿色风险、中期可能触发绿色风险和远期可能触发绿色风险三大类，分别制定不同的风险管理策略。哪些企业可以在近期支持其进行绿色改造和升级，哪些企业需要及时退出；中期可能触发绿色风险的企业，要督促企业有计划地进行绿色改造和升级，并持续地加以监督。对于没有能力或没有必要进行绿色改造的企业，就要制定退出策略。这个工作同样不是传统的风险管理方式能解决的，同样需要应用新的数据和新的分析逻辑和框架。有效而及时的数据收集和分析在这方面固然重要，通过技术手段，比如智能合约等，对企业的绿色改造和升级等形成强制性的约束，则对绿色经济和绿色金融都会有很大的促进作用。

最后再做几点归纳：

银行数字化转型是为了解决金融问题，不是仅仅为了应用某些技术。需要什么技术，是由被解决的金融问题所决定的。数字技术应用得恰当，可以更好地解决金融问题。这是银行数字化转型的要义。

金融创新、银行数字化转型，需要三项技术共同发力：金融技术、制度技术和科技技术。金融技术是前提和基础，制度技术是规范和保证，数字技术是催化剂。

银行数字化转型需要研究各类数据在不同情境下与风险的相关性与约束力。银行信贷要解决三个问题：合适的信贷额度；借款人的还款能力；约束借款人还款的要素。借款人以前有良好的信用记录，不等于一定会归还这一笔贷款，要有对借款人具有强约束力的要素迫使其必须还款。数据画像本身不具有这样的强约束力。传统的担保、抵押具有这样的强约束力。因此，同样的数据对于不同的客户（个人、小微企业、大型企业等）具有不同的效用；同样的数据在不同的环境下（线上、线下；闭环、非闭环）也具有不同的效用。

# 银行如何适应供应链金融新发展

供应链金融是个老名词。之所以现在变成热词，大概有几个原因：首先是以金融科技名义做信贷业务经过几轮洗礼，如P2P、现金贷等，并不成功，需要新的突围路径；其次，各类数字技术为解决传统供应链金融的困局提供了可能；再次，随着全球化，特别是工业物联网、数字经济的发展，产业链各个环节越来越紧密，为供应链金融的发展提供了真实的需求和现实的环境。

以前，供应链金融一直比较沉寂，是因为作为信贷主力的银行较少参与其中。银行较少参与，并不是银行不想做，而是比较难做好：一是，以前各产业的供应链并不像当下这么紧密；二是，对于供应链各环节的规律和风险难以识别；三是，即使能识别供应链各环节的风险，银行也难以控制这些环节从而控制信贷风险。所以，少数供应链紧密关联的供应链金融，做得好的往往是行业核心企业的金融公司。比如国外的汽车金融。据了解，国内有一家冷链仓储物流企业，以收储的冷冻生鲜食品为抵押品，供应链金融做得风生水起。以冷冻生鲜食品作为抵押品，从银行的角度看，简直是匪夷所思。但作为专业从事冷链仓储物流的企业，它们有能力掌控冷冻生鲜食品的保管与流转，了解各类冷冻生鲜食品的产地、品质和市场,一旦发生信贷风险,可以直接处理这些冷冻生鲜食品实现变现。

银行虽然很少做供应链金融,但一直为企业提供供应链服务。20世纪80年代初,我在中国人民银行上海分行营业部实习,当遇到企业产品滞销,信贷员就会向其他信贷员询问,有没有需要相关产品的企业。如有,就牵上线搭上桥;如没有,就一起分析,相关产品全国哪些地方可能有需求,找到线索后与当地分行联系。一旦牵上线搭上桥,对方企业进货需要资金,当地开户行就会给予贷款。这边银行当然就可以收回贷款。当时,银行只是把这看作是为企业服务,帮助企业改善经营,是信贷工作的分内之事,偶一为之,并没有把这当作一个产品标准化、体系化。

仔细分析,信用证业务也可以说是供应链金融的一种形式。信用证业务,通过出口方银行和进口方银行建立的信任,帮助商品进出口双方建立了交易的信任。同时,因为双方银行间的信任,有效地控制了交易风险和支付风险。第一,是银行之间交换密押和签字样本,建立代理行关系。第二,当进出口商双方签订进出口合同后,进口商申请开立信用证,进口方银行在对进口商进行充分的信用评估后,向出口方银行开出信用证,为进口商增信。第三,出口方银行收到信用证,审查信用证条款,保护出口商利益。第四,出口商通过船运公司发出商品,并将提货单等信用证所需单据交出口方银行。出口方银行审查无误后传递给进口方银行要求付款。第五,进口方银行审查无误后,将单据交进口商并向出口方银行付款。第六,出口方银行收到款项,借记出口商账户。其间,如果出口商因采购出口商品或生产出口商品需要融资,出口方银行经风险评估可以给予贷款融资,比如打包贷款、出口押汇等。如进口商进口商品需要融资,开证行在对企业风险评估的基础上可以给予进口押汇等融资。与通常意义上的供应链金融不同,这一系列融资、结算是在双方银行的默契合作下完成的。

信用证业务中有一项制度:信用证的开立虽然是依据买卖双方的购货合同,但信用证一经开出,银行间与此相关的业务就不再受商品买卖合同的约束,只依据信用证条款办理业务。实际商品的到货情况,由买卖双方与船运公司和保险公司交涉。这避免了通常供应链融资中,银行无法控制物流风险的窘境。可以看到,信用证业务所服务的是非常松散的产业链和供应链,一定意义上,其服务的难度更高更复杂。因此,信用证业务的一些思路和管理制度,是非常值得数字供应链金融参考和借鉴的。

传统国际贸易中的买方信贷,一定意义上也可说是供应链金融。买方信贷是由出口方银行直接向国外进口商或进口方银行发放贷款,专款用于购买本国出口商的产品。

现在大多数供应链金融的模式,都是由一家银行或一家金融科技公司设计的,一般都是以一家核心企业的信用为整个链上的信用基础,由一家银行或贷款机构给链上企业授信。模式单一,效果一般。可以说,业界看到了现在产业链上下游关系的紧密和金融科技为供应链金融提供了更大的空间,但并没有真正去研究不同产业链和商品供应链的特殊性,只是简单化地设计供应链金融模式。这类模式存在几个问题:

一是，核心企业一般不愿意为供应链上的融资提供担保，甚至为自己的应付款确权也不愿意。而没有核心企业的增信，贷款人对借款人的风险无法控制。

二是，正因为是寄希望于核心企业增信，所以，并没有真正研究不同供应链本身的特点，没有真正发挥供应链的作用。

三是，因为寄托于核心企业的信用，所以最容易控制的就是核心企业对上游供应商的付款，这类供应链金融模式往往只能服务核心企业的上游供应商，而不能服务核心企业的下游采购商。这样的供应链金融是残缺的供应链金融。同时也说明，这样的供应链金融风险控制是非常粗放和粗暴的，并没有对第一还款来源的借款人进行认真的风险评估，一切都寄希望于第二还款来源"核心企业"的信用。

四是，供应链上的企业往往并不是只生存在这一条供应链上，而是同时生存在几条供应链上。一般来说，企业都有自己相对稳定的合作银行，所需要的服务也不仅仅是供应链上的融资。一家企业在不同的供应链上向不同的银行贷款，给企业自身的资产负债管理带来很大麻烦，也不利于企业与银行建立稳定长久的合作关系。

五是，大多数供应链金融都是以营销贷款为目的，并没有很好地研究不同供应链的特点，应用数字技术改善供应链运作效率，减少相互拖欠，提高供应链上的资金周转速度，从而减少整条供应链的融资总量，降低企业资产负债率和融资成本。

六是，由于只考虑供应链上的中小企业的融资供给，给了核心企业借机挤占中小企业流动性的机会，反而造成中小企业资金周转速度更慢,融资成本和资产负债率更高。应该说,这样的情况是非常普遍。现在提倡企业社会责任(比如前文说到的ESG),这样的核心企业非常不负责任。金融机构提供这种有利于核心企业挤占中小企业流动性的供应链金融服务,不符合ESG金融的要求,也违背了供应链金融的初衷。

七是,中小银行有经营地域的限制,而大多数供应链往往是跨地区的;同时,供应链中的核心企业往往是大型企业,中小银行没有能力给这样的企业集中授信。因此,中小银行很难在供应链金融领域取得实质性的成功。

由此,我们需要研究数字供应链金融的新路径,以突破目前探索的瓶颈。

**第一条路径是搭建共享式供应链金融科技平台。**

首先,要研究不同产业链的供应链特色,研究供应链各个环节的风险抓手;其次,创新金融工具,创新管理制度,实现在供应链的流转环节控制资金流风险,在加快流通速度的同时确保资金安全;再次,利用新兴的数字科技,搭建共享式供应链金融科技平台。该平台有如下功能特点:

(1)可以平行运行不同的供应链。

(2)平台、金融机构、企业三方共同研究相关供应链的运行特点,寻找供应链中涉及风险控制的关键节点,改善流程,强化物权控制和资金流转掌控力,尽可能通过控制物权的流转来控制资金的流转,改变靠核心企业增信的单一模式。这方面可能需要开发具有法律效力的数字化权益凭证，因此也需要法律部门参与研究。

（3）资金流与物权流高度耦合，加快了资金的流通速度，相应地减少了供应链上企业总体融资量和融资成本，降低了企业的资产负债率，使企业在获得良好高效金融服务的同时，真正改善企业的财务和经营。

（4）可以让供应链上企业各自的服务银行加入平台，为这些银行的开户企业提供贷款等链上全面的金融服务。也就是说，在一条供应链上，资金的供应方不是仅有一家，而是所有链上企业，它们由各自的合作银行提供信贷等金融服务，这些银行都是链上的一个节点。如果一条供应链上的企业是在不同的区域经营，其合作银行是企业所在地的银行，则这些银行都可加入到这条供应链金融链条上，成为该供应链金融的一个组成部分。这样做的好处，是可以让不能跨地区经营的中小银行也有机会加入到供应链金融中提供服务。由于这些银行对自己本来就在服务的这些企业非常熟悉，再加上平台对风险的控制措施，实际上形成了对贷款企业的双重风险控制，使整条供应链金融的安全更具保障性。

（5）平台以提供公共、公平、高效、安全的服务为主，尤其是提供风险控制服务，自身不办理金融业务，不形成垄断，更不与链上金融机构进行不公平竞争，可以成为未来数字社会友好平台的样板。

**第二条路径是探索跨境供应链金融科技平台建设。**

上文介绍信用证业务时讲到，以前在国际贸易中之所以多用信用证结算，主要是因为交易双方是松散的买卖关系，相互不够信任。另外，国际贸易中，货物的运输与交接比较复杂，不同商品有不同的要求和做法，结算也有不同惯例。比如到岸价、离岸价，货到分期付款、单到即付等。远洋渔业、海上补给等，又有许多不同的结算方式。还有，各国的外贸政策和外汇管理政策，也影响跨境结算和融资。随着全球化的发展，特别是我国企业走出去的步伐加快，产业链、供应链也成了跨境的链条，产业链、供应链的上下游企业，往往非常稳定和紧密，相互的信任度非常高。最近十多年，银行的信用证业务占比大幅下滑，国际结算业务中汇款业务占了绝对的比重，充分印证了这个情况。

跨境供应链的境外部分，有产业的上游，也有产业的下游。这些境外产业链的组成部分，有许多是中资企业在这些年"走出去"的过程中主动布局的，其中许多是在东盟国家和"一带一路"沿线国家。这些企业在所在国当地，由于种种原因，都有融资困难。企业的生产经营，又往往与国内的产业链紧密地联系在一起，具有很强的闭环特征，可以探索用供应链金融的方式来满足它们的融资需求。现在的供应链金融，一般都是解决国内供应链融资需求，跨境供应链金融是一个全新课题。这应该是数字供应链金融的又一个新路径，即搭建跨境供应链金融科技平台。

跨境供应链金融不是国内供应链金融的简单复制。跨境供应链金融需要解决的不仅有供应链的流程，包括物流、信息流和资金流，还有各国货币主权、金融体系、进出口管制、外汇管理等制度障碍，以及外汇结算和兑换等商业银行国际业务安排，需要把国际结算、外汇兑换等业务融入供应链金融中,并借鉴买方信贷、卖方信贷等方式创新贸易融资新模式。

由于跨境供应链金融科技平台的特殊性,可能需要由中资银行、外资银行和科技企业共同发起搭建这个平台。初期,可以考虑先选择一家到两家中资银行和一到两家在华的外资银行发起。平台本身必须是业务中立、技术中立,具有高度公信力的服务型友好平台。

跨境供应链金融科技平台可考虑设计如下功能:(1)致力于打通信用证、跟单托收等各种结算工具,同步整合贸易融资环节。(2)跨行业(银行、交易双方、海关、船运公司、保险公司、仓储公司等)的数据共享和流程管理,单证各方共享数据、共用流程,推行数字化单证,实现全自动审单、背书、议付、融资等操作,从根本上解决人工审单问题。(3)在架构设计上充分考虑海关、货运、保险、质检、仓储等各相关机构的加入,形成具法律效力的数字化权益凭证,为链上融资提供信用基础。(4)参照买方信贷和卖方信贷方式提供链上跨境融资服务。(5)为链上贷款、还款提供同步的货币兑换服务。

**第三条路径是发展嵌入式数字供应链金融。**

随着工业物联网和数字经济的发展,今后各类产业和行业都会在各类数字平台上形成不同的产业链和供应链,那么,数字供应链金融可能就需要突破目前以金融或银行为中心搭建数字平台的惯性思维束缚,将数字供应链金融嵌入到各类工业物联网和各类数字经济平台中,成为这些数字经济平台的一个有机组成部分。这将是数字供应链金融更具发展空间的第三个新路径。在这个新路径中,可以有更多金融工具的创新和金融制度的创新。

我曾与几个企业家聊天,谈到他们企业的运行特点。这些企业需要大量原材料,一般上游供应商把原材料发到他们企业的仓库,他们给供应商仓单,过一段时间再正式收购,向供应商支付货款。在正式收购前,供应商理论上是可以提货卖给其他企业的,但大部分还是卖给这家企业。在探讨银行如何给这些供应商提供融资时,这些企业由于各种原因都不愿意为供应商提供担保承诺,却建议银行以仓单做质押给供应商提供贷款。我提出一个设想:是否可以利用数字科技开发一个仓储管理系统,将仓单全部改为电子或数字仓单。但是,仓单上的出单人必须有两个具备法律效用的承诺:一个是"见单提货",另一个是"见单付款"。实际上是一单两用,既是仓单,也是承兑汇票。"数字仓单"只在企业、供应商和银行这个闭环中流转,银行可以以此"仓单"为供应商提供质押贷款。如果供应商不能还款,银行可以向企业出示"仓单"要求付款,收回贷款本息。几位企业家都觉得这是一个值得尝试的设想。

现在再看这个设想,还是有核心企业增信的意味。不同的是,有新金融工具的创造。今后探索工业物联网和数字经济条件下的数字供应链金融新路径,或许更加需要这类金融工具创新和金融制度创新,有这些创新,数字技术的应用就是水到渠成的事情。

实际上,当社会经济活动全面数字化,一方面是会把目前线下的经济活动复制到线上,另一方面由于各类数字技术本身的特点,又会形成许多新的经济行为和经济规则，也会有新的风险特征和规律。一般供应链金融是以金融为主线，将供应链拉入银行建立的信贷体系链条。现在各类机构在探索的数字技术供应链金融，则是为物理世界的供应链提供数字化的供应链金融服务，也就是说，供应链依然是存在于物理世界的。将来万物互联的数字经济条件下，企业供应链本身就是数字化的，生存于万物互联的数字世界，银行需要更多地投入到万物互联的场景中和平台中提供供应链金融服务，在特定场景和平台中识别风险特点和规律。就如同在物理现实中，银行将网点设到商场甚至企业中，将ATM机设到地铁站等，为特定商场、企业提供全方位的金融服务，为进出地铁站的顾客提供相关的金融服务。所谓开放银行，应该是这个意义上的开放银行。在这个过程中，不排除银行自建生态系统和场景，但银行更应该探讨的是如何进入到各类场景和平台提供服务。反过来，既然是万物互联，各类场景和平台应该对银行全面开放，实现真正的万物互联。这当然需要相应的法规建设。

# 数字化转型之内部管理新课题

目前，大多数银行数字化转型都集中在零售业务和部分小微企业业务上。首先，是因为零售业务和小微企业业务相对容易标准化、自动化和批量化，在数字化转型中容易尽快见效。其次，是因为前些年互联网公司做金融，吸引眼球的基本上就是零售业务和少量的小微企业业务。毫无疑问，银行在数字化转型过程中，需要学习和借鉴互联网公司的经验和方法。但经验有正反两方面的经验。在学习和借鉴互联网公司做零售业务和小微企业业务时，同时也需要研究互联网公司为什么不做对公业务，在内部管理的数字技术应用上为什么乏善可陈。

互联网公司中以阿里巴巴集团为例，把握住了互联网这个在过去20年中信息科技行业发展的最大动因，已经事实上形成了在中国线上商品零售市场的领导地位，占据了最大的市场份额，服务几亿线上用户。对比基于互联网的线上商品零售和传统的线下商品零售，前者对于用户数据的掌握是多维度和即时的，包括用户的商品浏览足迹、商品交易数据、物流地址信息、社交互动数据，以及通过第三方支付服务获得的线上线下支付数据等。基于这些数据开展的个人金融服务，可以说对数字技术的利用程度是不逊于商业银行的。同时也要看到，互联网公司有些业务，例如P2P，并不具备海量的数据基础优势。互联网公司仅仅依靠数字技术、激励机制、资本力量并不能够把这些业务做好，甚至是一种巨大的失败。

互联网公司虽然有涉及B2B业务，但是大多数情况下还停留在信息服务层面，并没有真正规模化地切入支付结算服务，覆盖的行业广度和渗透率都不高。因此，在没有掌握B2B商业数据的背景下，开展基于数据技术的金融服务就不是个合适的商业决策。同时还要看到，互联网金融公司的资产负债结构对比大型商业银行，品类少了很多，并且没有分支机构这个管理维度。因此，其资产负债管理工作对比商业银行，未必有更高的复杂度，运用数字技术的价值也就不高。

做金融业务，哪怕只是零售业务，对于互联网公司来说都是增量。但零售业务和小微企业业务，对大多数银行来说，都只是一部分业务。如果投入大量的资源，建立强大的中台和后台，却只是做了银行的一部分业务，这肯定不是银行数字化转型的终极目标。以零售业务和小微企业业务作为数字化转型的突破口，作为一种策略，无可厚非。但如果因此而避重就轻，就需要引起高度重视。

银行数字化转型，是银行经营管理利用数字技术的全面转型。利用数字技术分析客户需求、分析客户风险，创新为客户服务的流程和方式，固然重要，但这只是银行经营管理的一个方面。银行内部管理，是银行经营管理的主要内容，更是服务客户的重要基础。从银行经营管理的角度讲，资产负债管理等内部管理才是银行经营管理的核心和灵魂。

数字技术的种类很多，大数据、云计算、人工智能等，具体功能各有不同，技术原理不同，但体现出的业务功能效果不外乎：更强大的数据抓取或收集能力、更强大的数据储存能力、更高效的数据分类整理能力、更高效的数据计算分析能力、更流畅安全的数据处理和业务执行能力等。这些技术能够被金融业务所应用，是因为这些能力是统计分析的基本条件。银行的经营管理，正是建立在大量统计分析基础上的。所以，数字科技在银行经营管理中大有用武之地，银行要数字化转型根本的原因也正在于此。如何恰当有效地应用这些能力，不在于这些技术本身，而在于我们如何发挥统计等金融专业能力，将有关规则交给这些数字技术去处理。所以，懂得业务，理解业务，认识不同技术的特性和局限，是数字化转型成功的前提。

自从这30年大量应用计算机技术以来，银行内部管理已经有了根本性的改变，会计核算、报表统计等大量业务已经实现高度自动化。但也应该看到，这些自动化大多数还是分专业、分条线的手工业务的自动化，还没有达到经营层面的智能化。同时，也由于40多年来银行业务的飞速发展，内部管理也对数字化转型提出了新的课题。

## 资产负债经营格局变化带来的挑战

经过40多年改革开放，我国银行业的资产负债表内容大为丰富。改革开放初期，银行的资金平衡表，资金来源和运用，主要内容就是存款和贷款。现在银行的资产负债表，负债和资产都有许多品种，即使是资本，也有多项内容。银行的经营收入虽说依然是利差，但占比在下降，并且，利差不再只是存贷款利差。同时，在总资产中，贷款的占比基本上只有50%左右。也就是说，银行的经营，即使在总资产层面，也不再仅仅是贷款，更何况还有相当数量的表外业务。

《巴塞尔协议》以及监管部门对银行提出的许多经营管理要求，即监管指标，大多数都属于资产负债管理范围。这些指标是对银行几百年来经营管理中出现的风险的总结，既是对银行经营管理的约束，也应该是银行自身经营管理的内在要求。所以，监管指标，不应该是银行经营中简单的事前计划或事后计算与调整的结果，而应该是银行经营管理的主动工具。实际上，如果作为被动约束指标，往往会在调整中降低收益，如果主动应用这些指标作为管理工具，则会在保证经营安全的前提下提高收益。

随着利率市场化、汇率市场化，金融市场瞬息万变，不仅会影响银行资金的流动性，同时也会影响银行经营目标的实现。如何在不影响服务客户和基层银行经营基本稳定的前提下，灵活调整资产负债结构，既避免市场风险，又确保经营目标的完成，是一个全新的课题。这也就是说，资产负债管理与以前的计划工作不同，既不是事前的规划，也不是事后的统计与考核。以前年中有计划调整，实际上是一种对于情况变化的事后承认，依然只是一个统计分析行为，而不是经营行为。而现在是要随着市场的变化，随时从经营的角度进行资产负债结构的调整，这是一项经营行为，是现代银行经营的核心。

正因为是经营行为,需要的就是在统计分析基础上的经营决策。做这样的决策,不仅统计分析的数据量大,而且市场瞬息万变,计算复杂,这正是大数据、云计算、人工智能等数字科技大展拳脚的地方,可以为这类复杂决策提供有效的工具。

第一,在日常流动性管理层面,需要的是实时分析系统。由于不同资产、不同负债,性质不同,其流动性规律不同,再加上各家银行客户结构不同,会形成各自资产负债结构特色,所以实时分析系统不应该是简单的统计分析,而应该根据各银行自身特点,形成最佳的资产负债结构模型,在保证流动性的同时,争取最大的收益。比如,负债中,储蓄、企业存款、机构存款、同业负债、发行债券和大额存单等,品种结构、期限结构,如何能既保证负债的稳定性和流动性,又能保持相对合理的成本;资产中,贷款、投资类债券、交易类债券、同业投资、其他资产等,什么样的品种结构和期限结构,既能不影响客户的经营,又能保证资产的灵活性和收益性;资产和负债之间,又应该是怎样的品种结构和期限结构,才能确保全行经营的流动性、安全性和收益性。在这样的分析中,监管指标应该成为银行主动管理的工具。

第二,当市场利率发生变化时,智能化的分析系统能够及时给出不同的最优资产负债结构调整策略。传统上没有这样的智能分析工具,在市场利率发生变化时,为了保证利润计划的完成,银行往往只能强行要求基层行,贷款定价必须在多少以上,存款定价必须在多少以下。实际上,利率是由市场资金供求确定的,同时也是由银行本身的市场地位决定的。强行提高贷款利率，只有降低准入标准，提高风险容忍度；降低存款利率，只会造成存款流失，形成流动性风险。此时更多地需要考虑调整非信贷类资产的品种结构和期限结构，以调整收益结构。负债，则需要调整主动负债和被动负债的结构。

第三，智能化的FTP（内部资金转移定价）系统能够及时给出合理的FTP价格，以引导各业务条线和各业务机构进行业务结构调整和收入结构调整。现在一些银行往往把FTP当成一个考核指标，这是FTP这个工具的误用。因为误用，所以往往成为业务条线、经营机构与总行相关部门相互利益博弈的目标。也就是说，经营机构把FTP看成是与总行进行争夺利润的杠杆。本来应该是通过FTP的引导，经营机构调整自身的经营行为，改变经营策略，开拓市场，调整客户结构，从市场获得盈利。这样所得到的业务结构、收入结构，正是总行FTP所要达到的目标。也因此，FTP价格的确定就很有讲究，需要根据市场的变化动态调整，有时甚至需要对不同业务条线和经营机构给出不同的FTP价格。在实操中，前台部门和经营机构往往倾向于做一些大额的高收益资产，但他们并不清楚，因为一些高收益资产，资产负债管理部门需要持有相当数量的低收益甚至无收益资产进行流动性对冲，这样综合算下来，高收益资产带来的不是高收益，反而可能是低收益。这就需要有合理的FTP等工具来调节经营机构的行为。这也需要利用大数据、云计算和人工智能等数字技术，进行动态、快速、精准的计算。

第四，汇率市场化下的本外币资产负债经营。如果一家银行外汇资产与负债有了一定规模，当汇率发生较大变化的时候，就会导致资产规模和负债规模的波动，形成较明显的汇兑损益。为了有效服务客户，不可能通过简单压缩或增加外汇资产或负债规模进行调控，需要在总行层面进行适当的对冲操作。这样的操作，因为是在总行层面针对整体的资产负债进行的，作为业务部门的金融市场部等是无法操作的，应该由资产负债管理部门在对全行资产负债的综合分析基础上，动态确定多层次、多批次的对冲方案。这样的分析与计算，毫无疑问也是要借助于数字技术。此外，在应对市场利率变化方面，也需要进行类似的对冲操作。

第五，为分支机构提供相应的管理工具。一家银行，各业务条线和各分支机构，都有各自的专业、特点和规律。在资产负债结构比较单一的情况下，简单按计划分配的方式进行资产负债管理尚且过得去。但在资产负债结构复杂、市场利率汇率等瞬息万变的情况下，按计划分配方式管理资产负债不仅显得捉襟见肘，更会造成经营管理上的损失。比如，传统上一旦遇到宏观调控，银行就粗暴地下指标让基层行压降信贷规模或其他业务规模，这种管理方式下，轻则提高管理成本，减少业务收入，重则损害客户利益，甚至产生本不应该产生的不良资产。因此，要应用大数据、云计算和人工智能等数字技术，在总体资产负债管理的基础上，更科学、有效地对不同业务条线和经营机构资产负债进行管理，同时也要为这些业务条线和经营机构提供一套既符合总行总体管理要求，又适合它们自身资产负债管理的工具。

## 新会计准则带来的挑战

2018年开始实施的新会计准则（IFRS9），不仅仅是记账方式和核算方式的改变，就银行经营而言，更是对原有经营逻辑的颠覆，对经营管理提出了更高、更复杂的要求，必须应用数字技术改变管理模式，更有效地管理全行的经营方式和经营行为。

首先，新会计准则对金融资产重新进行分类，由原来的四类改为了三类：以摊余成本计量的金融资产（简称AC）、以公允价值计量且其变动计入其他综合收益的金融资产（简称FVOCI）、以公允价值计量且其变动计入当期损益的金融资产（简称FVTPL）。受此影响，银行相当部分的资产被归类为后两类，在经营过程中，一是容易造成资产规模的波动；二是容易造成损益的波动；三是容易造成资本充足率的波动。造成这些波动的最直接因素是市场利率的变化。因此，银行在经营过程中必须全面深入地分析市场利率走势，考虑各种变化可能，结合董事会制定的经营目标，灵活、合理地配置各类资产，平衡流动性、安全性的同时，平衡资产规模和利润，平衡资本管理目标。

其次，新会计准则以"预期信用损失法"替换原准则"已发生信用损失法"计量减值，不仅计量方式改变了，更重要的是计提减值准备的量大为提高。尤其是在"预期信用损失法"下，对长期授信、低评级企业授信和低风险缓释授信的损失计提要求更高。这需要在平衡收益与风险的基础上科学地配置各类资产，同时还要通过FTP等手段引导经营机构和客户经理，在开展具体业务时，一方面在考虑收益中要计算减值计提因素，另一方面也不能因为减值计提而放弃客户合理的信用需求。在关于重资产、轻资产的取舍中，也有与此类似的地方，需要根据一家银行本身的禀赋和客户策略选择业务策略，不能就业务论业务，单纯偏重某一类资产。银行的资产就像会计记账一样，需要借贷平衡，重资产需要轻资产对冲，轻资产同样需要重资产对冲。

## "营改增"带来的挑战

银行在缴纳所得税的情况下，税收基本上就是年底核算的工作，因此，一般来说是财会核算部门年终工作的一部分。计算所得时，银行的利息收入和利息支出是轧差计算的。也因此，经营机构和客户经理在办理业务时，是忽略税收因素的，一般只要计算存贷利息轧差后的收入就能大概确认一笔业务的收益或盈利。

"营改增"后，银行缴纳增值税。作为流转税，增值税的计算与所得税大为不同。首先，银行业与工商业不同，哪些进项支出可以抵扣不容易判断，更有许多重要支出不能抵扣，比如银行支出的大头，存款利息就不能抵扣；其次，每笔业务收入发生时就要进行纳税计算，但是形成这笔业务的成本却很难有明确的对应进项。

这在管理上带来了很大的矛盾。如果像过去一样，由财会部门事后为每笔业务进行进项对应，并计算应纳税额，一是非常困难，二是成本高、效率低。最终也只能是一个不准确的数字。如果让客户经理在做业务时就进行计算，首先是客户经理缺乏增值税方面知识,即使经过培训,大多数很难熟练掌握;其次是办理业务的效率或者说服务客户的效率将大为降低。不能不说,增值税增加了银行的管理成本。

针对"营改增",银行最佳的办法,就是税务筹划前置,即在业务端就开始税务筹划。实际上,同样满足客户的一个需求,在收入相同的情况下,不同的业务模式,可以有不同的进项抵扣,应纳税额也就不同,当然这笔业务最终的利润也就不同。对一线客户经理进行税务筹划培训,理论上是可行的,实际上则是不可能的。这就需要应用数字科技开发一套工具,让客户经理以及经营机构在与客户洽谈业务之时就可以进行税务筹划。前文讲到的FTP价格运用、相关信用资产减值计提等,都可以嵌入到这个工具中。

银行内部管理的内容极为丰富,遇到的新挑战也不止以上三个方面。但从以上分析可以看到,所有的内部管理,都是指向业务的。银行数字化转型需要顶层设计,所谓顶层设计,不是简单的领导重视、一把手工程,或者董事会决议。数字化转型顶层设计的前提,是经营管理的顶层设计,具体面向客户的业务则是顶层设计的结果。所以,数字化转型的顶层设计,也不仅仅是设计一个科技系统架构,而是应该让这个架构服务于银行经营管理的方方面面。为此,数字化转型更需要研究经营管理需要解决的问题。

# 第五章

# 数字货币与国际清算体系

## 数字货币离真正的货币还有多远

货币是一个共识现象。共识,是人们共同的认可,当然包含着信任,货币尤其如此。

共识和信任从何而来?

最初应该是民间自然形成的,并且这样自然地形成共识与信任,在人类历史上一直没有中断过,只是每一个特定的共识与信任,存在的范围和时间不同。大多数情况下,民间自然形成的货币共识与信任,流行的范围不大,时间不长。据说当年纳粹监狱里,囚犯用香烟作为货币,但只是在那时的特定监狱里,并不是所有监狱都如此。一次,一种物品在特定的时间特定的范围内曾经被作为"通货"使用,并不能证明这个物品就具备成为可以被普遍接受的货币的理由。

货币的出现,肯定是因为交换的需要。先民们经过相当长的时间的交换,认定某一个物品可以作为交换的媒介,比如中国的先民,认定的是贝壳。因为贝壳可以作为媒介物购买货品,我想,那时的人大概都会经常去沙滩、海边寻找贝壳。现在加密货币的挖矿者,也有同样的意思。只是,与先民不同,"矿工"们上来就觉得这是货币,并且认定挖到的加密货币还能增值,同时市场上又有法定货币在流通,冥冥中他们心里还是记挂着法定货币的价值,下意识里是希望"挖"到的加密货币最终可以变为法定货币。所以,加密货币没有成为媒介物,反而成了被"媒介"物。

民间自发的共识和信任,具有不稳定性和游移性。媒介物的不稳定和不确定,会影响商品交换的流畅性。古人早就认识到"货能畅其流"的道理,并且明白货币在商品交换中起到的像流水一样的作用,所以中国古人把货币称作"泉"。于是就有权威出来强化共识和信任。中国商代甲骨卜辞中有"朋"字,意思是两串贝币,"朋"是一个货币单位。或许,那时贝作为货币就已经制度化了。但无论如何,春秋时代各诸侯国都开始国家发行铸币。最初的权威或许是部落首领等人物,以后就是政府。

第三种为货币的共识和信任加持的是财富与信誉或人品。比如历史上钱庄或私营银行发行的可用于支付流通的债务凭证,庄票、支票以至于纸币等。但这样的支付货币或凭证一般有特定的流通范围,大多数会因为信用和财富的坍塌而崩溃。

最后为货币的共识和信任背书的是强权。布雷顿森林会议就是一次史无前例的由强权确认世界货币的案例。在这之前,并没有制度化的世界货币体系,国际贸易使用的货币是一种自发的过程或约定俗成。一个时期是英镑强势,只是因为英国的经济和军事在国际贸易中的强势造成的,并不是开会确认的。正因为布雷顿森林会议形成的强权规则,以至于即使美元脱离金本位,也依然是当今世界具有本位地位的世界货币。

由此可见,只要有共识和信任,以什么作为货币的载体,并不是必然的。司马迁《史记》说："农工商交易之路通，而龟贝金钱刀布之币兴焉。"中外历史上，曾经用作货币的物品很多，物品本身的价值有时重要，有时也不一定，比如美元纸币。黄金如今依然是重要的保值物品，但显然已经不能承担货币职能。从中国历史看，用黄金作为货币的历史几乎可以忽略，原因是黄金的供应量不足以支持庞大经济体运转的需要，更关键的是，中国文化中始终把黄金看作财富，但并没有形成货币的共识。

或许是因为认识到这一点，比特币的推行者希望以民间发行的方式形成共识和信任，并在哈耶克经济周期理论[1]的指引下最终颠覆现有的官方货币体系。Libra[2]则想以财富实力的方式形成共识和信任，对现有国际货币体系发起攻击。历史上许多金融创新确实都是民间发起的，包括货币和各类支付手段。但就货币而言，能持续的不多。至于各类地下经济现象，历来多有走私、地下钱庄，各种转移资产的媒介等，这些是长期存在的现象，但并不等同于普遍被接受的货币共识。更何况，所有这些现象存在的目的，都是为了赚取阳光下以当时流通货币计价的财富。所以，比特币已经异化为被炒作的资产，Libra则尚未萌芽即被扼杀。奇怪的是，Libra居然被许多专家作为现实存在的一种创新在论述。

现在的国际货币体系，像历史上的货币体系一样，不可能永久存在，目前也确实显露了不少败象。这应该是百年变局的一部分。

---

1 哈耶克经济周期理论认为资本主义经济危机的原因，是货币供应量过多导致消费过度并使生产资料的资本不足。
2 Libra，是Facebook发起的虚拟加密货币。

在这样的时刻，出现各种以数字货币创新为口号的颠覆现有货币体系的理论和行动，确实不奇怪。

是否一种价值更高的物品作为货币或一种更先进的技术作为货币，就一定能战胜原有的货币？实际上，货币的共识和信任，并不是由货币的载体所决定的，或者说货币载体不是主要决定因素。

货币理论有所谓劣币驱逐良币，确切地说，应该是假币驱逐真币。明清两朝，银与铜钱并行，有说是银钱双本位。究其本质，不可能是双本位。从制度设计看，银与钱有固定兑换比例，但政府税收一律用银。有这一制度，所以，并没有出现铜钱驱逐银的问题。让人奇怪的是，到明代，中国已有两千年左右的铸币史，并且当时还在铸造铜币，却没有铸造银币。这应该不是统治者的疏忽，我以为，这是一个非常巧妙的做法。不铸造制式统一的银币，就不需要鉴别银币真假，只要对银进行称重和辨别成色即可；因为有银在，铜币只是在小额交易中流通，造假和以次充好的获益不大，即使有，对经济不会有太大冲击。这样，国家对货币体系运行的管理成本是最经济的。所以，劣币驱逐良币，只有在同样面额、同样材料的情况下，以次充好才会发生。这与环保企业与非环保企业道理一样，生产同样的商品，不环保的企业成本低，必然把环保的企业驱逐出市场。明代银钱并行最后崩溃，一方面是因为白银外流，市场上流通的白银减少，但政府不改变银钱的兑换比例，税收按原比例收取银两。税收是刚性的，这造成了市场上白银兑铜钱涨价，形成货币标准的双轨制，导致市场混乱；另一方面，朝廷由于战争、腐败等已经失去了重新建立共识和信任的能力，无法为市场提供新的可信的流动性。很快,明朝就灭亡了。

南宋和元朝的纸币,似乎并没有什么本位,开始运行得非常不错。南宋和元朝廷是货币主义者,他们明白货币发行数量与市场运行的关系,因而发行纸币有一定的规则。但是,首先,它们没有独立的中央银行体系;其次,他们放的水只能在中国这个池子里流通,一旦数量控制不好,就会"田野干涸"或"洪水泛滥"。"田野干涸"相对容易对付,增发货币即可。但"洪水泛滥",一是没有手段或工具收水;二是洪水泛滥往往是因为政府本身这块田地旱情严重,无法收水。当今的美元有点像南宋和元朝的纸币,没有本位,不同的是,它的水可以漫向全世界。只是我们不知道,地球这个水池子是不是可以无限地容纳美元潮水。脱离金本位的美元刚刚50年,还没有南宋和元朝纸币的流通时间长。美国现任财政部长耶伦说,我们现在面对的是"积累了50年的危机"("an economic crisis that has been building for fifty years")。舆论推测,她说的就是美元脱离金本位的风险。现在看来完全可能。以当时西方的货币理论来看,脱离金本位无疑是一个巨大的冒险行为,是美国对全世界耍无赖。但就美国自身而言,则是无奈的选择。美国的主事者对美元脱离金本位的风险心知肚明,50年后耶伦说漏了嘴,也是她无奈要干一票"大的"。

中国历史上,秦半两和汉五铢在货币中的地位犹如孔子理想中的周朝和书法中的《兰亭序》。但是,就像后世的政治家虽然重复孔子的语言,却并不做孔子想要做的事;后世从来没有哪个朝代试图恢复秦半两或汉五铢,除了短命的新莽政权。原因就在于货币物质表象背后的一系列制度设计。唐以后，中国的铸币都已经符号化了，称作"元宝""通宝"，不再以币材的重量表示货币的价值。明、清用银，却不铸银币，所以称分量。表面看，货币是用于支付，只要支付的一刹那方便快捷就好，背后则是从货币制作、发行到流通管理等一系列满足货币各种功能需求的制度设计和基础设施的建设，以及看不见的共识和信任能力的维护和加强。货币具体以什么作为载体并不是决定性的。一张印制精良的委内瑞拉货币玻利瓦尔是不可能打败一张破旧的美元的。当美元取代英镑成为世界货币的时候，英镑和美元都是金本位，美元在制作技术上并不比英镑先进。规定中东石油只能使用美元计价和交易，才是美元成为霸权货币的关键一环。

如果美元体系式微，替代的将是什么样的货币体系？数字货币给了人们很大的想象空间。不过，数字货币首先必须确认自己是一种什么样的货币。

第一种，数字货币是本身具有价值的媒介物，如黄金、白银等。那么，对于数字货币价值的共识和信任，由谁来确认？黄金、白银是以公认的自身重量来确认价值的，数字货币以什么来衡量价值？无法称重，也无法丈量。如果考虑到数字货币要颠覆现有银行体系，那么，在这样没有银行的体系中，是否承认或允许信用创造的货币？需不需要召开一次如布雷顿森林会议那样的会议来形成共识？但作为"去中心化"的货币，该由谁来发起这样的会议，谁有资格参加这样的会议？矛盾的是，会议本身是不是一个中心化的行为？这类"去中心化"数字货币理论真正的创新，不是点对点支付，而是货币发行与流通的超主权、民间自发管理。比较遗憾的是，无政府主义作为理想可以，几乎不能成为人类社会美好的现实。

第二种，数字货币有如美元这样没有本身价值和本位支撑，靠一定的权威或民间自发力量形成共识和信任。那么，从逻辑上说，现在的美元和人民币就是这样的货币，这样的货币无所谓使用什么载体，并不一定非要用数字加密技术才能实现。

第三种，成为现有货币的载体之一。那么即将发行的数字人民币就是。不过，这样的货币，颠覆现有国际货币体系就无从谈起了。

数字货币关注的是技术如何解决点对点支付，即技术本身的特点和优势，并没有顾及货币的各类功能以及相关的制度设计和基础设施建设。当然，它们都关心发行，但却没有为市场流通服务这个基本出发点，发行数量的确定没有市场流通规模的根据。比特币的初衷是为网上交易提供支付手段，教条式地考虑到了通货膨胀问题，设定了发行进度和发行数量的极值，却根本没有顾及现实交易的流通量需求。信仰者则把它当作了投资品，以美元来衡量比特币的价值，也因此，比特币很快被逐出了交易支付领域。就流通支付这个角度说，比特币是完全失败的。

银行的产生，使得货币的发行与流通发生了颠覆性变化。银行信用创造货币，因为银行提供的信用，使得货币在贮藏的同时进入流通和支付，也因此，货币可以不依赖于任何载体（包括数字加密技术），仅凭银行账户中的数字完成货币的各项功能。必须看到，银行是凭借现有的货币创造货币，并不是发行另外的货币。如，银行吸收人民币存款，发放人民币贷款，它创造的还是人民币，并不是另外一种货币。数字加密技术是一种载体，可以被作为货币，也可以被作为其他凭证。数字加密技术作为货币，发行多少就是多少，与纸币、金属货币一样，其本身并不能像银行那样创造货币。一项科技技术可以作为货币载体的功能，与银行可以创造信用创造货币的功能，不是同一个功能，应用的是不同的技术。银行创造货币的功能应用的是金融技术。事实上，数字货币要真正、充分发挥货币功能，除了科技技术，还需要金融技术的加持。

经济社会中发生的支付形形色色，并不只是"一手交货，一手交钱"式的交换。点对点支付，在社会经济生活中的占比，可能笔数比较多，但金额占比很小。新加坡等国家和地区探索了区块链技术在证券交易支付结算领域的应用，因为证券交易"一手交货"不容易，牵涉到所有权转移的确认过程，导致交割结算效率低下的真正原因并不在货币支付这个环节。区块链技术在这样特定的领域或许可以充分施展它的功能。由此可见，许多领域结算环节复杂，并不是支付环节本身的问题，而是各类交易特殊的属性决定的。单纯数字货币点对点支付的特点并不能解决这些问题。在许多非个人支付领域，就是排斥点对点支付的。

货币的功能，不仅仅是用于商品交易支付。一般货币理论有货币的四大职能或五大职能。我觉得，在现实经济生活中，货币还是企业财务管理的工具。货币对于企业来讲就是资金。资金是要用来产生效益的，而不仅仅是用来支付。即使是支付，什么时候支付、用什么方式支付，都要从效益出发，并不是企业与企业点对点支付就好。从财务管理的角度，有效益、效率和安全的考虑。就安全而言，让各个业务部门或采购经理自己带着数字钱包和数字货币去采购，肯定是有问题的。就效率而言，或许方便了各业务部门和采购经理，但对企业整体资金调拨效率来说肯定是降低了。就效益而言，资金的分散管理肯定不如集中管理有效，同时，数字货币放在数字钱包里与现钞存放在保险箱里一样，是不产生利息收入的。所以，资金不仅应该集中管理、集中调拨，更应该存在银行账户里，需要支付时直接从银行账户中支出。这次人民银行充分意识到了企业财务管理的需要，专门设计了对公钱包的母子钱包，并且有资金归集和分发、会计处理、财务管理等功能。这样的话，对公母子钱包实际上有点账户关系的性质了。不过，还是没有解决效益问题。尽管被接受程度如何尚未可知，这样的创新还是非常值得点赞的。其他许多关于数字货币的设计，没有像我国央行这样深入地思考和创新。

数字货币可以在跨境支付中发挥作用，提高效率。这是数字货币鼓吹者的一个重点，原因是现在银行体系的国际结算环节多、效率低，其底气依然是数字货币的点对点支付功能。上文已经说到，许多业务结算环节多，实际不是支付环节本身有什么问题，是贸易交割方式的问题。像期货、期权、股票分红、股票买卖、大宗商品等，都因为有不同的交割方式，才配以相应的结算支付方式。以国际贸易结算为例，现在中国的国际贸易结算中，信用证结算的占比已经非常小了。原因是，过去进出口双方的贸易关系比较松散，互相了解不够，信任不够，所以用信用证结算，加上双方银行的增信。现在由于全球化，产业链上下游关系紧密，不需要银行增信，直接用电子汇款（Telegraphic Transfer, TT）方式结算，也能一定程度上达到效率高，费用低的效果。当然，区块链技术可以用智能合约来解决信任问题，但是，到结算支付时点，付款人数字钱包里没有数字货币，或者付款人银行账户里没有存款，智能合约也会难为无米之炊。跨境支付环节多、效率低，还有一个原因是各国货币的兑换、各国外贸政策和外汇政策，这些也不是数字货币可以突破的限制。数字货币的支付、流通，需要借助于数字钱包、特定网络等基础设施，这是数字货币的局限。也正是这个原因，数字人民币发行前要进行一轮一轮大规模的测试。发行纸币和金属货币，根本不需要做这些测试。所以，只要一国政府禁止外国数字货币使用本国基础设施，或禁止外国数字货币基础设施进入本国，则外国数字货币就不能进入本国。由此可见，数字人民币不可能是人民币国际化的重要推手。只有人民币国际化了，数字人民币才能走出国门。

货币，不仅仅是你我面前的一个钱币，无论是金币、银币、纸币，还是数字货币，都涉及钱币背后的一整套制度设计和基础设施。目前人民银行所进行的数字人民币测试，我理解，是希望打通所有可能的应用场景，让数字人民币在任何场景、任何情况下都能无障碍地支付使用。这个规划是宏大的，也是非常必要的，因为今后数字经济的发展，还有许多我们想象之外的可能，我们不能让数字货币的使用局限在有限的范围内。至于最终数字货币会更集中于哪些领域使用，市场会给出答案。不过，支付流通，只是货币功能的一个重要环节，作为制度设计和基础设施，发行环节同样是一个决定数字货币顺畅流通的重要环节。前文说到的一些历史上货币体系崩溃的情况，出问题并不在支付流通环节，问题都出在发行环节和管理环节，比如基础设施的安全性、防假钞、滥发货币、未能及时补充市场流动性缺失、货币调拨过程中的损耗与贪污等。也就是说，历史上的货币和货币体系，没有是因为支付环节出问题而失败的。目前数字人民币发行的双层架构，似乎与纸币的发行类同，好像又有所不同。市场希望双层架构简洁明了，不要在双层之下搞出三六九等，叠床架屋，发行的效率、管理的有效性和公平性，应该优于目前的纸币发行体系。

# 中国央行数字货币的七大猜想

## 猜想1：央行数字货币未来在哪些场景的应用更合适？

货币的发展，特别是货币形态的发展，首先是商品经济发展的需要。其次，是由于金融技术的不断创新。这种金融技术不是科学技术的技术，而是金融本身的技术，或者说业务创新、产品创新。比如，借贷、资产证券化等。再次，科技的发展也促进了货币的发展。没有金银的提炼技术，也就没有金银币；没有纸和印刷术的发明，应该也不会有纸币。货币的进化，关键是新的货币形态要更方便交易、支付结算，同时可以降低货币流通本身的管理成本和运营成本。现在的纸币现金，虽然比金属货币方便，成本也低，但依然有许多不方便的方面，同时还有巨大的社会成本——包括央行的管理和发行成本，商业银行及商业机构的运营、管理和操作成本。

如果有更好的技术产生新的货币形态，哪怕效率持平，但在成本上能大幅地降低，对社会也将做出巨大的贡献。而数字货币，就提供了这方面的可能性。

自从比特币出现以来，一方面人们看到了这个技术在货币发行方面的可能性，另一方面也看到了这项技术在突破现有的管制为洗钱和非法转移资产提供载体的现实。无论是为了技术向善，还是为了防范技术为恶，各国监管部门都加快了对这项技术的研究。在这方面，应该说中国央行走在了世界的前列。

从目前中国央行所公布的方案看，我们不仅在速度上走在了前列，在技术应用上也最开放。大多数机构，包括监管机构和商业机构，研究数字货币都是基于区块链技术，而中国央行突破了这样的思维局限。如果只是基于区块链技术，数字货币的使用就只能局限于区块链上，数字货币的应用场景就有很大的局限性。2019年2月，摩根大通宣布推出基于区块链的摩根币（JPM Coin），到目前未见有应用的报道。原因是摩根币只能在摩根大通的区块链上流通，具体场景还没有确认。我国央行设计的数字货币，可以线上使用，也可以线下使用，连网络都可以不需要，何况区块链？所以，使用场景的想象空间是非常大的。

正因为局限性小，什么样的场景更合适，就很难简单推论。因为技术本身的可能性很简单，关键是各类金融业务和商业交易的场景丰富多彩，这至少不完全取决于技术，而取决于具体业务和交易的特点和习惯，更与人们的习惯、文化、利益、隐私意识等有关。

货币的应用场景既包括购物支付，也包括存款、贷款、汇款、贸易结算等银行业务，也有期货交易、现货交易、衍生品交易、外汇买卖、股票买卖、贵金属交易、票据交易与结算等。这些非常不同的应用场景中，是不是都适合数字货币的流通？或者说，在这些领域中，数字货币是不是比现在的电子结算更有优势？现在还很难估量。

## 猜想2：央行数字货币对支付领域带来多大影响？

对于数字货币的未来，人们从技术角度的推论比较多，很少从应用角度考虑。从纸币的应用过程来看，并不是有了纸币，金属货币就被取代了。最初的纸币相当于以后的庄票或银行本票，是货币的凭证或代表，在流通中逐步被普遍接受，才定型为纸币。当纸币由中央银行发行，同时在银行结算、清算的基础上，又有了记账货币，或信用货币。现在，所有的货币形态，都只是信用货币的具体表现形态。

而我国央行发行的人民币就是这样的信用货币，它的具体形态包括银行账户上的货币数字，即记账货币，以及纸币、硬币。这些人民币的表现形态互相可以任意转换，没有任何差别。今后发行的数字货币也是人民币的一种表现形态，与现行的记账货币、纸币、硬币没有什么差别。

现代的金融工具大多是在记账货币的基础上产生的，这得益于记账货币在银行间结算、清算上突破了物理货币的局限性。数字货币在结算、清算上是不是比记账货币更优越还有待实践的检验。特别是，脱离银行账户体系的支付结算，除了点对点的好处以外，和现金一样很难创新金融工具和金融产品。

从支付应用的角度看，依然存在社会接受度的问题。对公支付一般都是有协议或合同条件下的支付，从支付那一刻的速度上看，现在银行提供的电子支付完全能满足需求。

更关键的问题是,企业为什么要放弃存款利息把人民币从银行账户划到数字钱包里?多一个账户,或多一个钱包,会增加管理成本。对个人支付的应用来说,也是同样道理。

此外,作为支付的一种方式,在现代社会、未来社会,点对点支付在整个支付结算中会占多少比重?如果是很小的占比,那么支持点对点支付的技术优越性并不能支撑数字货币整体的优越性。

实际上,无论是对于机构还是个人,对于得到的货币,其关心的是货币能不能使用,能不能买到东西,币值是不是稳定等,至于这货币是什么材质、用什么技术,并不重要。

比如,对一个人来说,你手里有一张百元大钞,你肯定会关心这张纸币是真钞还是假钞,如果是真钞,你当然就不会担心这张钞票能不能使用。但是,你会关注这张纸币是用什么纸张制作的吗?会关心它是用什么印刷技术印刷的吗?会关心它用了什么防伪技术吗?你不会关心这些问题。当然如果个人好奇心重,就另当别论。所以,数字货币对支付领域究竟会带来多大的影响,现在还很难说。

## 猜想3:央行数字货币将对现有支付格局带来怎样的影响和变化?

金融创新源自需求,而需求有现实的需求和隐性的需求。

支付宝是电商发展的现实需求,不是技术问题,当时银行的技术都能支持这个需求，只是囿于制度、相互竞争，不敢大胆突破。如果当时各家银行愿意互相打开接口，就可以解决网络跨行支付问题。如果当时银联已经上线，也能解决网络跨行结算问题。

当然，支付宝还是有它的创新之处，即把信用证结算的原理应用到支付结算中，以解决买卖双方互不信任的问题。微信则是发掘出了网络社交中的隐性需求，再进一步扩展到其他领域。

支付宝和微信之所以形成垄断，其自身的竞争力固然很重要，更重要的是符合了人们的支付习惯。支付需要通用性，只有在同一个通道上，才能完成相互的支付。当初银行就是因为彼此的接口没有打通，不能进行网络即时跨行支付，才满足不了网络交易的需求。同样道理，众多的第三方支付机构之间互相不通，当然就不方便支付。支付宝的成功，并不是因为网络支付这个形式，而是打通了各家银行间的通道。不明白这个道理，以为只要像支付宝一样搞个系统就能成功，本身就是照猫画虎。

支付的目的是交易，或者说消费，而不是支付行为本身，支付本身只要对交易没太大影响就行。在这个前提下，人们往往会从众，会先入为主，不会费太大的心思去比较与选择。而且，就像账户太多、钱包太多一样，支付账户太多，管理也很麻烦，最后必然是集中到一两个钱包或账户。所以，第三方支付垄断也是自然的结果。

至于央行数字货币会对现有支付格局产生什么影响，那要看央行数字货币在现实中受欢迎到什么程度，在哪些领域或场景更适合使用。央行是货币发行者，不是商业机构，发行数字货币与发行纸币、硬币一样,是为了满足或适应经济发展的需要,并不与商业机构竞争。第三方支付是商业机构,它们是为人们提供货币的支付结算服务,不是发行货币。也就是说,它们支付结算的就是央行发行的货币。

在我看来,数字货币并不是在需求基础上产生的,这和支付宝是不同的。虽然中本聪最初的目的是想为网上交易提供一种像现金一样的支付手段,但比特币从产生之初就偏离了这个初心。这之后所有关于数字货币的设想,都是从技术本身推演的。

当然也有从需求出发的,但这些需求却是监管严禁的,比如洗钱、跨境转移资产(所谓跨境支付的真实所指)、直接发行货币(也就是不用努力赚钱,自己直接印钱)等。

我国央行数字货币只是人民币的一种形态,受不受欢迎,往往不取决于技术的好坏或者先进与否,而与人们的习惯、理念有关。第三方支付在中国和亚洲其他国家和地区非常受欢迎,但日本人例外,他们就是喜欢现金支付。

## 猜想4:央行数字货币将给商业银行带来怎样的变化和影响?

央行一旦正式发行数字人民币,商业银行就要提供数字货币服务,主要应做以下改进:

第一,要进行科技投入,建设银行自己的数字钱包(相当于现钞的金库,也可以称为"数字金库")和数字货币运行系统,与央

行数字货币发行系统对接、与客户的数字钱包对接;

第二,确保数字货币与记账货币、纸币、硬币的自由兑换,在账户方面,现金账之外要增加数字货币账。这里存在一个问题——在会计科目上是把数字人民币和纸币、硬币都归在一个现金科目下,还是在现有的现金科目外再另设一个数字货币科目?如果不分,至少在库存现金下需设分户账;

第三,代理央行要做好数字货币面向社会的发行工作和管理工作,包括数字货币的回笼;

第四,为客户制作数字钱包,而这个数字钱包可能是数字货币与现金的最大区别。如果客户使用现金,他可以自备钱包或保险柜,也可以直接把现金塞口袋里。数字货币必须有专门的数字钱包,这钱包只能由央行制作和分发,或央行委托商业银行制作和分发。

如果数字货币真的在流通中很受欢迎,那么货币流通脱媒现象[1]会更严重,会影响到银行存款在货币发行量中的占比。也就是说,随着电子支付的发展,以前央行管理的流通中现金大量减少了,但因为数字货币的发行,流通中多了一项数字货币。不过,因为可追溯,虽然数字货币不在银行体系中,却可以在央行的掌控中。

现金经过流通,会有破损和遗失。遗失不论,破损的要进行销

---

1 脱媒(disintermediation)指在进行交易时跳过所有中间人而直接在供需双方间进行。

毁，而这是现金流通的一项非常大的成本。数字货币应该没有破损和遗失的问题，但因为数字货币可追溯，流通的过程有完整的记录，当数字货币回笼后，央行是不是要进行格式化，以确保央行发出的数字人民币都是清洁的？这应该是央行的一项管理成本。

随着数字货币的推出，商业银行的竞争依然是金融服务和创新的竞争。至于数字货币，主要还是提供数字货币服务的能力。如果数字货币服务能力差，可能会影响银行的存款业务，当然也影响竞争力。就好比在现金条件下，柜台员工识别真假币的能力和点钞速度很重要，如果做得不好，会影响存款的吸收。

此外，贷款业务、银行的风控能力、银行的信贷评估能力、不良资产处置等，跟数字货币没什么关系，这些也不会受数字货币影响。至于发放贷款用什么货币，还是看客户的需求，一般是先用记账货币入到客户的银行账户中，客户根据支付的需要或直接汇款，或提取现金，或提取数字货币。

再比如支付结算，首先当然是银行自身的流程效率、数字化水平。跨行跨系统结算，都是使用央行的公共系统。客户用数字货币点对点支付，那是客户自己的操作问题，与银行无关。

总之，银行的制胜之道，一定是金融服务能力和金融创新能力的提高。金融科技有助于银行更好地提升这方面的能力，但数字货币却未必。

## 猜想5：央行数字货币能否成为生息资产？

在资产负债表中，货币现金列在资产中。央行数字货币或者说数字人民币，应该与人民币纸币、硬币共同归类为"现金"。现金是资产，但不生息。货币要生息，只有投入使用。资产只有投入经营才会产生效益，这个时候才被称为"生息资产"。资产如果不投入经营，就是"闲置资产"。在数字钱包中睡眠的"数字货币"就是"闲置资产"，当然不是生息资产。

数字人民币不可能独立于"人民币"之外，自身成为生息资产，当然也不可能成为被投资的资产。以人民币纸币炒作人民币数字货币，也就是以人民币炒作人民币，是荒谬的。在外汇市场上外币投资、兑换的是人民币这个币种，而不是人民币的某个表现形态。

投资人民币生息资产，一定是人民币存款、人民币债券、人民币股票等以人民币标价的资产，而不是人民币的某个表现形态。

## 猜想6：数字货币推动人民币国际化？

央行数字货币只是人民币的一种形态，与现有的其他人民币形态一样。而人民币国际化是人民币的问题，与人民币的表现形态是两个概念。

人民币国际化的推进关键在于三个方面：首先是国际贸易中的计价与结算功能；其次是能否成为储备货币；再次是成为金融交易

中的主要货币。

目前，前两个方面进展较好，但由于金融交易中人民币产品不多，交易也不活跃，制约了前两方面的进一步发展。贸易计价和结算、储备、金融交易这三者是相互关联的，一个国家的货币能否在国际上被接受、被广泛而活跃地用于这三个方面，主要取决于这个国家的经济和政治实力，而这些和是否使用数字形态的货币没什么关系。

联合国国际货币基金组织的特别提款权（SDR）之所以不能成为国际货币，就是因为国际货币基金组织也好，联合国也好，没有自身的经济和政治实力。

如果数字人民币要在国际间流通，首先必须符合人民币的跨境结算管理规定。在此前提下，需要考虑两方面的问题：

一是要建立一套类似于现在人民币跨境支付系统的数字跨境支付系统，同时所有办理人民币业务的银行，包括各国央行和商业银行都要具备发行和回笼数字人民币的能力，还要给所有使用数字人民币的机构和个人准备数字钱包。而这个过程比现在的体系要复杂得多。

二是线下数字货币的进出境问题。各国对现钞的进出境都有额度规定，海关会检查。数字钱包进出境如何检查，跨境支付如何管理？这些问题都需要研究。

## 猜想7：中国央行若推出首个数字货币，对全球的货币形态带来怎样的影响？

一些国家央行也在研究数字货币，但信息并不充分。也有一些银行和私人机构也在研究，但信息也比较杂乱。因此，中国央行有可能成为首个发行数字货币的央行。如果中国央行首先推出数字货币，无疑具有重大的示范意义。

第一个是技术示范。目前各国央行和私人机构都在着力研究的是，应用哪些技术发行数字货币。其中，大多数是基于区块链技术，但用什么样的底层技术以及加密算法又有各种选择。中国央行这次采用的是开放式的平台，不局限于区块链技术，这个意义更加重大，因为这提供了更多的技术可能。

第二个是发行框架示范。这关系到数字货币的发行体系和运行管理体系建设，我国央行采用的是双层架构。

第三个是社会的接受程度示范。这可以看出数字货币是否具备全面替代现有货币形态的能力，或者只是现有货币形态的一个补充，因此更为关键。当然，数字货币也可能不被接受。

第四个是社会成本示范。每一种货币形态的流通都有社会运行成本，比如金属货币的社会运行成本高于纸币，纸币高于记账货币。数字货币运行成本如何？目前的推论是其成本会更低，但这需要实践的检验。

第五个是延展示范。即通过数字货币的研发和应用可以探索相关技术在金融领域其他方面的应用。一种技术初始的应用方向可能会失败，但往往会歪打正着地成功应用于其他领域。比如，数字货币技术在票据领域的应用，在此基础上，有没有可能创造新的金融工具？数字货币的结算方式，是不是可以应用于其他金融工具的结算？这些都值得期待。

# 开拓数字货币技术的更大空间

一般来说，一项技术的应用范围越广，其效用价值越大。技术需要应用，但技术不等于应用。形成数字货币的技术，比如加密代码，本身并不是货币。这项技术应该有更广阔的应用领域。技术能否被应用好以及能否充分发挥该技术的性能，则在于对应用领域的深刻理解。即使在金融领域，数字货币技术的应用，也不应该仅仅局限于数字货币。

发行人民币，是《中国人民银行法》赋予中国人民银行的法定权力。一个机构有数字货币技术，不等于就可以发行数字人民币。纸质人民币主要依赖造纸术和印刷术，但一个印刷厂有再好的技术，也不能印人民币。所以，不必因为人民银行要发行数字货币，就对那些技术公司在发行数字货币方面有太多的想象。

我国央行即将发行的数字货币，是M0（流通中的现金）的一部分，它的性质与现钞相同。也就是说，今后现金是由三种形态组成的，即纸币、硬币和数字货币。所以，央行数字货币并不是人民币之外的另一种货币。

由于数字经济的发展，人们生活消费习惯的变化，数字货币的应用，会对货币流通等带来一些新的变化，比如货币流通速度的加快、社会效率的提高等。由于技术的原因，还可能降低货币的发行和管理成本。不过，对作为现金的数字货币的作用还需要实践的检验，不必有太过夸张的想象。同时也需要考虑到，数字货币虽然克服了纸币、硬币的物理局限，但也有其自身的局限，即收付双方都需要具备共容设备，才能实现收付。这也是为什么央行在发行前要进行大量测试的原因。

贷款可不可以用数字货币发放？我觉得这根本就不是一个问题。贷款发放后，借款人是采用汇款支付、现金支付、转账支票支付、托收支付等都是可以的，不存在障碍。

M1（狭义货币）、M2（广义货币）是不是可以用数字货币？这问题跟M1、M2是不是可以用纸币是一样的。M0、M1、M2的定义，不是根据货币的材质或形态，而是根据货币的流通形态或存在性质来区分的，它和科技技术没什么关系，跟会计技术有关。M1、M2中的流通中的现金，其中一部分就是数字货币。从这个角度说，M1、M2中包括数字货币。但M1、M2的主要部分不是流通中的现金，当然就不可能是数字货币。

那么，数字货币技术有没有可能用于M1、M2的领域呢？我觉得这可能是数字货币技术一个非常有想象力的领域。流通货币中的支票存款、活期存款、定期存款，都是会计账户中的货币，也可以称作记账货币。它的前提是一套社会共同遵守的记账规则，与所使用的材质无关。可以用楔形文字记载在泥板上，可以用纸质账簿记载。有了电子计算机技术以后，我们现在都用电子计算机技术记载，所以有时又称电子货币。现在有了数字货币技术，是不是有可能用数字货币技术替代现有的电子计算机技术来承载银行的账户系统？理论上，我认为完全是可能的。如果可以，这个想象空间是非常大的。要知道，我们国家目前这套基于电子计算机技术的银行账户体系和支付体系是持续30多年的投入建立起来的，有形的软硬件投入成本好计算，无形的人力投入根本无法计数。

数字货币技术能否替代电子计算机技术应用于银行的账户体系和支付体系，不在于两种技术的技术本身优劣，而在于两种技术在这个应用领域的适用性。首先，是在记账、核算、支付中的流畅、方便、快捷、安全、准确、超大容量、高频和瞬间并发等性能尚未超过电子计算机技术。其次是巨大的替代成本。即使在各种性能上，数字货币技术超过电子计算机技术，但替代成本过大，即性能提高所产生的效益并不能覆盖替代成本投入，则数字货币技术的替代是很难成功的。但不管怎么说，这是一个非常值得探索的数字货币技术应用领域。

当我们用数字货币技术替代电子计算机技术，实现银行账户体系和支付体系的数字化，那么银行账户之间转移的货币金额就是一串串的数字加密代码，与数字货币是同一类物质。但这依然不是数字货币，还是存款货币或者记账货币，因为它还是在银行账户之间转移的，不是货币所有人之间的直接支付货币。这可以更现实地告诉我们，支撑数字货币的技术，其本身不是货币。用这个技术产生的东西并不一定就是货币。

货币、货币体系的作用，不仅仅是支付，货币持有人之间点对点支付在现代经济中也不是货币支付的主流，更不是货币和货币体系的唯一命题。货币、货币体系是一系列各国货币发行、流通、支付、汇兑、货币兑换、汇率等的规则和法律。如果仅以快捷、匿名的点对点支付作为优势，用所谓的数字货币颠覆现有的货币和货币体系，无异于以"鸡犬之声相闻，老死不相往来"作为未来社会的蓝图。所以，促进人民币国际化、颠覆国际货币体系等，恐怕都是数字货币不能承受之重。

支付体系支付的是货币，但支付体系本身是一套关于支付的制度和机制。支付实现的是货币的转移，但支付工具不一定就是货币，往往更多地使用的是货币的代表，即有价凭证。所以，数字货币的点对点支付，并不能满足现代和未来社会经济和生活发展的需要。但这并不表示数字货币技术就没有其他用武之地。

除了货币本身，我们的支付工具还有支票、汇票、本票等，结算方式有转账、汇款、托收、信用证等。此外，一些所谓的代币、稳定币，虽然都带一个"币"字，但都不是货币本身，只是货币的代表，用传统的名词，就是代价券。学校的饭票、购物券、赌场的筹码等，都是诸如此类的东西。摩根大通银行研发的摩根币，从它的规则看，实际上是利用数字加密技术开发的银行本票。客户以等值美元向摩根大通银行购得等值的摩根币，摩根大通银行是摩根币（本票）的出票人和承兑人，摩根大通银行无条件向持有人兑付等值美元。再比如支票。支票的出票人和承兑人都是银行账户的持有人，考虑到出票人的银行账户到时可能不敷兑付，就是所谓空头支票，所以在流转过程中，每一个经手人都要背书，以便追索债务。数字货币技术中的一些留痕、可追溯的功能，正是支票所具备的特点。

所以，数字货币技术，或者说数字加密技术，即使在金融领域，是有非常大的应用空间的，没有必要只是局限在数字货币这个概念上。这里的关键不是技术，而是对金融业务和金融制度的理解和把握。

最后，就即将发行的央行数字货币提几点建议：

第一，高度关注发行环节的流畅性。

货币的流通要畅通、高效，支付、流通环节的安排很重要，但央行的发行、管理环节同样重要，而且是整个发行的基础。现在在进行的测试，可能主要侧重于流通环节。但如果发行和管理环节不流畅，架构复杂，会严重影响发行效果，甚至成败。

在纸币状态下，流通中的现金管理，有货币的设计、印制、库存、押运、调拨、防伪、回笼、销毁等环节。在这些过程中，央行只面对商业银行，不直接面对市场。即使在一些偏远地区，没有央行的分支机构，可以由个别商业银行代理央行现金发行，但代理发行工作也只面对当地的商业银行或信用社，不直接面对社会公众。在整个流通过程中，现金兑换无障碍，全免费。

数字货币状态下，虽然没有了物理货币的保管、押运、调拨等，但虚拟状态的设计、制作、库存、调拨、防伪、回笼、销毁等依然不可或缺。由于没有物理搬运，调拨、发行在技术上应该更简单和快捷，央行和商业银行之间数字货币往来可以像现在客户处理存款账户一样在线上自动操作数字货币的领取和缴存。央行与商业银行在数字货币发行上，可以采取几种模式：（1）所有商业银行由总行对央行，再由各商业银行总行负责行内的调拨；（2）全国性商业银行总行对央行总行，区域性商业银行对当地央行分支机构；（3）如同现在现钞的发行体系。

数字货币使用虽然没有纸币、硬币物理的重量和体积的局限性，但却有使用条件的局限性。数字钱包和网络的设计和维护至关重要，这项工作的制度安排会从根本上影响数字货币发行的成败。数字钱包技术，必须是央行指定的，但如何发放到个人和机构却是有讲究。就好比卖皮夹的尽管可以赚皮夹的钱，但不能拉客户办理存款户和金融业务。数字货币的兑换，更不应该在商业银行之外有第三方机构进行商业化经营。

数字货币网络的运维成本，相当于现金管理成本，不应该向社会机构和个人收取。如果数字货币网络运维交由社会商业机构办理，并且数字货币的发行、回笼等也通过这样的机构办理，无异于在数字货币发行流通中增加了中介机构，将大大降低数字货币的流通效率并提升数字货币的流通成本。

第二，数字货币应当纳入现金发行系统统一管理。

央行数字货币是M0的一部分，一方面因为其特有的技术和流通渠道，需要有特定的发行和管理规则、体系，同时，作为现金的一部分，也必须纳入现金发行和管理体系中进行统一管理。如果数字货币独立于现金管理之外，那就会真的影响和扰乱货币政策的执行。

第三，制定数字货币的会计规则。

在数字货币正式发行前，要制定数字货币的会计规则，这是数字货币发行顺利的前提条件之一。建议在现金科目下分设现钞和数字货币子科目。

第四,制定数字货币跨境使用和结算管理办法。

在纸币条件下,我们只要管理现钞的进出境,至于人民币现钞在境外的使用,则不需要管理。随着人民币国际化的推进,我们对人民币信用卡在境外的支付和提现做了制度规定,对人民币记账货币的跨境结算和清算做了制度规定。这些规定,都是非常复杂的。数字货币要在境外流通,由于技术上的局限性,反而比现钞管理更加复杂,并不是人们想象的那么简单。

首先要确认是否允许数字人民币在境外流通使用。如果允许,则需要明确:(1)如何监督个人携带数字货币出境;(2)如何监督线上的跨境支付;(3)境外数字钱包(数字金库)的发行管理;(4)境外数字货币回笼、钞汇兑换、清算机构的确定与管理;(5)境外数字货币、数字钱包防伪打假、反洗钱和防网络攻击的制度规定。

# 中国数字支付可能遭遇的挑战

中国数字移动支付可能遭遇一些挑战，但这些挑战也是创新的基础。

第一个挑战是数字支付能不能成为一个独立的行业。

在银行业务操作层面，我们把支付、结算和清算看成三个业务、三个概念。从银行角度来看，现金支付只是一个行为，而不是一种业务。由于电子商务的发展，数字支付才成为一种业态，或者说一种业务。但是从目前来看，无论是第三方支付还是银行所提供的数字支付服务，基本上都只是主营业务的支撑性业务，而不是一项独立的业务。目前中国的数字支付特别是to C（对个人）支付，由于前期行业竞争等原因，提供的服务都是免费的，中国消费者也已经习惯了免费的支付服务。就目前来说，我们看不到这项业务存在正常收费的可能性。从这个角度来看，数字支付业务在中国已经不可能成为一个有盈利能力且商业可持续的单纯业务，它需要其他业务的收入来支撑自身的生存。

第二个挑战是数字支付的公共性与商业性的冲突。

中国数字支付业务在公共领域做出了巨大贡献，但从商业机构的角度来看，数字支付仍然是一项商业活动，数字支付业务本身不盈利，但需要大量的投入。如果当此类投入为公司的主营业务带来的收入不足以覆盖成本的时候，那么相关投入就带来了商业上的选择问题。

另一方面，对第三方支付机构来讲，当主营业务本身已经不需要以自身支付业务做支撑或作为前提，那么支付业务本身对商业机构是不是还是必需的？这个矛盾在商业银行系统内是不存在的，因为银行业务具有公共性，无论是存款、贷款、汇兑还是金融交易，所有业务都需要支付业务的支撑和服务。所以这带来了第二个问题，即数字支付的公共性和商业性之间的冲突。

第三个挑战是数字支付与客户隐私保护的关系。

客户因支付而产生的隐私信息不应在未授权的情况下被用于其他商业用途。正常逻辑下，银行一般不会用于主营银行业务之外的用途。而非银行类机构的数字支付业务，主要目的之一是为了获取数据信息，用于其他商业目的。

第四个挑战是数字支付怎么从to C转型到to B（对企业）的问题。

个人客户的支付行为在大多数的情况下，具有随意、随机、随时、随地、随额的特点，数字支付，特别是移动数字支付，很好地满足了个人支付的特定需求。但是，B端的交易活动具有很强的计划性和程序性。支付的时间、地点、方式、条件、期限、批次、金额，包括内部的审批程序、权限等，都具有确定性的规则。所以，在to B支付领域并不能通过提高速度满足，更不是靠单一的点对点支付能够满足的。故而，对B端客户，舍弃银行账户，寻找另外一套支付体系反而增加成本。从这个意义上讲,在银行账户体系上面再叠加一个支付体系相当于增加了中间环节,这对数字支付从to C转型到to B形成了挑战。但也应该看到,在非银数字支付方面,在一些特殊场景下,比如大宗商品、贵金属、期货、证券、供应链等交易领域中,数字支付还有很大空间,而且是可以收费的。

第五个挑战是跨国数字支付。

跨国贸易结算领域面临和向to B转型类似的挑战,货币的最终转移依然需要银行账户来实现。所以,单纯的支付本身在其中存在一定挑战,具体包括几个方面:(1)支付机构要在国际上和所有银行建立账户关系,才能真正实现类似于目前中国境内to C移动支付的可能性。然而,国际上很难建立类似网联的体系,这对跨境支付的推进造成困难。(2)参与贸易的所有相关方对于非银行支付机构的认可程度。(3)各国主权货币在国际清算机制方面的制度,其对非银数字支付也构成一定挑战。(4)跨境结算与各国国内清算系统的衔接。(5)各国外汇管理体制的挑战,因为世界上各个国家外汇管理体制都不一样,在跨境过程中不是简单的点对点,也不是技术问题。(6)反洗钱等规则的制约。

第六个挑战是数字支付的发展对监管提出的挑战,以及监管对数字支付本身带来的挑战。

首先,从中国目前非银行数字支付的现状来看,数字支付模糊了支付与存款的界限,模糊了转账结算与现金结算的界限,这为监管带来了新的挑战:一是存款管理的范围到底是哪些?比如说我们第三方支付所吸收资金应该算存款还是保证金,监管还不是太清晰。虽然有托管，但还是不一样。二是脱媒资金的流通管理，人民银行原来有流通中现金的管理问题，但对这些支付资金应该怎么来管理，也是一个挑战。三是建立数字支付机构的退出机制问题，对商业机构来讲，做什么业务始终是一个商业的选择，但是支付具有公共性，当一个商业化的数字支付机构出于商业原因选择退出时，我们如何确保这个过程安全平稳？四是怎样对数字支付的日常运行和竞争行为进行监管。

第七个挑战是来自于商业银行的挑战。

从商业银行来讲，首先，做好支付结算业务是必需的行为，没有商业选择的矛盾。其次，数字支付是一项技术应用，但在这个过程中，技术并不起决定性作用，更不是垄断性的，起决定性作用的还是业务本身。对于商业银行而言，数字支付只是一种结算行为或业务形式，其他还存在许多适合客户不同需要的结算和支付方式。新增一种支付方式及其技术安排所产生的成本影响不大，但对第三方支付公司或非银行支付机构来讲，新引进一个技术、新搭建一个支付渠道或更换一个支付方式的成本非常大。再次，随着数字支付的进一步发展，各类需要支付结算的场景都会自然地接入银行支付结算系统和账户系统。反之，银行也会向各类有需求的场景开放系统，这也是近几年中国银行业正在大量布局的一项工作或业务。

上述七大挑战对银行基本不构成严重的威胁。即使银行不主动参与竞争，也会对非银数字支付机构或业态构成较大的挑战和压力。但我认为数字支付的发展是充满希望的，挑战是进一步创新的基础。

# SWIFT 系统、国际清算系统和数字货币

　　这两年关于环球银行金融电信协会（SWIFT）的讨论多了起来。然而由于有关SWIFT的业务是银行非常专业而具体的领域，许多人并不是很了解，即使在银行内部，许多人也没听说过这个词。因此，许多讨论难免在一些概念上产生混淆。

　　SWIFT系统，通俗地说就是一堆银行抛开邮电系统，自己建立了电报系统，相互间的业务信息都通过这个系统传输。因为价格比邮局便宜、效率比邮局高（收发报机都在各家银行内部，不需邮递员传送）、安全（减少了传送过程中的遗失）、规范（按银行业务的特点和需要，统一报文格式）等，现在几乎所有开办国际业务的银行都加入了这个系统。在这个系统中传输的都是银行间的业务信息以及相关的交往信息，包括企业跨境结算信息和银行之间跨境清算信息（支付清算指令）。但这不是货币支付、结算、清算本身。

　　除了SWIFT系统，银行间信息往来依然有一小部分通过信件传递，有通过邮电系统，也有通过新兴的快递系统。支付，现在一般是指个人之间、机构之间、个人与机构之间的直接货币支付。

一

结算,是指企业、个人通过银行账户进行相互间转账支付。

清算,是银行对相互间的资金往来进行划拨结算。各国都有自己的本币清算系统。一些国家也有国内外币清算系统。对于国际流通货币,各发行国都会建立跨境清算系统,有的与国内清算系统合一,有的分别建立国内清算系统和跨境清算系统。我国除了国内的人民币清算系统,也有国内外币清算系统,还建立了人民币跨境清算系统。加入这个系统的银行分直参行和间参行,直参行直接接入跨境清算系统进行跨境支付清算,间参行通过直参行进行跨境支付清算。此外,在人民币跨境清算系统成立之前,央行还建立了清算行系统,即在国际上主要的金融中心由中国人民银行指定的银行作为人民币清算银行,其他银行在清算银行开立账户进行清算。比如在香港地区,中国人民银行指定中银(香港)为清算银行,香港地区的其他银行都通过中银(香港)进行人民币结算。

美元的跨境结算、跨境清算,大多数结算、清算的信息是通过SWIFT传输的,但美元资金的结算和清算是通过美元清算银行和美元清算系统完成的。两者不可混为一谈。

还是有一些朋友有不同看法,甚至有做具体国际结算业务的朋友依然认为SWIFT和美元清算系统是一体的。这是业务人员对具体业务知其然不知其所以然的一个表现。因为现在在岗位上做国际结算和清算业务的朋友,大多数上手做这项业务时就是用SWIFT的,因此在他们眼里,做国际结算和清算,就是通过SWIFT

做的。

清算系统是一套银行的账户体系以及相互间资金划拨交割的会计规则。对资金进行清算,需要有效的凭证和指令作为依据,也就是业务信息。这些信息的传递方式,可以是指定的,也可以是各自选择的。有些清算体系和信息传递方式是合一的,比如我们国内的大额支付系统。大多数则是分离的,而SWIFT就是银行业务信息的传递方式之一。

清算体系有独立的系统,比如我们的大额支付系统、人民币跨境支付系统,美国的美元清算系统。在这个系统中,有指定的清算银行。有些国家或地区,为了规范本国或本地区内的外汇清算秩序,也会指定特定外汇币种的清算银行。此外,在一定区域内,为了提高区域内外汇清算效率,许多小银行会自发以某家大银行作为账户行进行区域内的外币清算。

且不说有SWIFT之前,在SWIFT成立之后,并不是所有银行都一下子加入SWIFT的,而是通过观望、试探,逐步加入的。中国的银行也都是逐步加入SWIFT系统的。在加入SWIFT之前,国际结算业务信息的传递主要就是通过邮电系统。我们国内在没有人民银行大额支付系统和小额支付系统之前,银行间清算方式随着技术发展,也经过几次变化。国际结算中的汇款、信用证等,分电汇、信汇;电开证、信开证。国内结算中,也分电汇、信汇。那时叫业务品种,现在叫产品。这些产品名称就说明,业务信息是依赖邮电系统传递的。

为此,当时的银行还安排专门跑邮局的岗位。在同城清算中,各家银行把清算票据派专人送到人民银行的票据交换中心，各家银行都有票据交换员的岗位。这个例子说明，银行的清算信息是可以自己人肉传递的。在国际结算中，银行相互要建立代理行关系，交换密押和签字样本，密押用于电报和电传，签字样本用于纸质文件，到今天依然如此。因为，即使现在大多数银行都加入了SWIFT系统，并不是所有的国际结算和清算都通过SWIFT传输业务信息，还是有一定量的纸质信息无法走SWIFT系统。当然，也没有任何文件或法律规定，国际结算和清算必须经由SWIFT传递信息。所以，可以说SWIFT是国际结算和清算的充分条件，但不是必要条件，不是国际清算体系本身。

1995年左右，中国农业银行和纽约的一家华人银行合作开展华侨汇款业务。当时去美国工作学习的人很多，特别是一些打工者，他们往往都是借了高利贷办理出国手续的，因此每个星期拿到薪金后都急于将钱汇回家。但是，一些大银行办理业务手续烦琐、速度慢、费用高。这家纽约的华人银行看中了这个市场，以比较低的费用、简洁的手续获取客户，不过速度问题依然解决不了。我们与其商量，资金可以批量走美元清算体系，收款人的个人信息可以用中文通过电话传真先直接传输到农行相关分行，分行将信息传递给有关支行，支行通知收款人取款。这样对操作流程的改变，大大加快了汇款速度，而且由于使用中文，还提高了准确率。因为一般国际结算传输信息都用英文，中国地址和人名用拼音很容易搞混。这家华人银行由此一下子破茧而出，在当地华侨中建立了良好的品牌形象。由于业务量增长，盈利状况改善，我们建议他们加入

SWIFT以更好地提高服务效率和能力。1997年下半年我去纽约拜访时，该行已经加入了SWIFT。由此可见，只要结算、清算的凭证双方认可有效，用什么方法传递，都是可以选择的。

## 二

SWIFT之所以发展到现在几乎一统天下的地步，是市场选择的结果。市场开始是观察，然后是接受，最后变得不加入你就落伍了。这个过程和Visa、支付宝等是差不多的。SWIFT自身的技术不断在提升、业务流程和规则也不断在改善，始终跟随银行业务发展的需求。系统越来越开放，可以方便地接入各类清算系统和各类银行的业务系统。同时，各家银行自身也在不断投入科技，改善流程。最初，SWIFT的报文都要落地处理，接受报文要打印出来给业务部门处理；业务部门的报文要专门输入SWIFT系统。现在，大多数银行都可以不落地处理报文了。

SWIFT是一个银行间业务信息传输的开放系统，并不是只为美元服务的。人民币、欧元、日元等的结算、清算，大多数也通过这个系统传递信息。我们的人民币跨境支付系统就接受SWIFT报文，甚至，我们国内信用证业务也可以通过SWIFT传输报文。

SWIFT有没有可能被颠覆？当然可能。一般在两种情况下这样的公共设施类的系统会被颠覆。一是由于技术的更新，可以提供比SWIFT更高效、更安全、更简捷、更专业、更廉价的服务。第二种情况是它作为一个第三方服务机构失去了公信力。比如自己也做起了第一方、第二方的业务，或者占有客户的信息和数据谋取利益，或者向第四方输送利益等。但颠覆往往是一个比较长期的过程，不可能一蹴而就。特殊情况下，可能一下子颠覆SWIFT，那就是大多数国家通过行政命令或法令，禁止本国银行使用SWIFT系统。

现在美国政府利用SWIFT和美元清算系统实施制裁似乎已常态化，今后它会走向何方，比如会不会或能不能把香港踢出SWIFT系统和停止向香港供应美元？这些当然需要评估，不过很难有一个比较准确的评估结果。对中国个别机构，比如个别银行实施所谓的制裁则是完全可能的。但有一点是可以肯定的，美国现政府正在使SWIFT和美元失去公信力。一堵墙，确实能把别人挡在墙外，但又何尝不是把自己圈在了墙里呢？美国是否可能已经开启了世界去美元化的进程？如果SWIFT不好自为之，是否也会进入去SWIFT化的通道？那么，我们在做最坏打算的同时，也可以做一些建设性的工作。现在一些国家和地区，希望绕过SWIFT和美元清算系统，有些已经开始行动，但都不太可能大范围地立竿见影。必须"积跬步以至千里，积小流以成江海"。只有在各种尝试和竞争中，才会出现最终的胜出者。

## 三

要绕开SWIFT和美元清算系统，首先是要解决银行业务信息的传输问题，其次是美元清算问题。

关于业务信息传递，最简单的就是一些传统方法，这些方法效率低，成本高，但对一些特殊业务需求，不是不可考虑采纳。比如走纸质的快递、邮递途径。特别是在我国现代数字化的跨境物流体系快速发展的今天，这个可能还是一个不错的选择。不过，这个模式只能解决部分业务信息不被美国监控，但不能解决美元清算问题，并非长久和广泛应用之计。

一个银行内部的往来业务，信息完全走内部系统，现在在技术上是可以做到的。在这个基础上，一个银行内部往来的所有外币清算，一律先内部清算，最后再统一轧差对外清算。这个方案对于境内外进口商和出口商在同一家银行开户的贸易业务，就可以起到大部分信息和清算在内部完成的目的。这能解决一家银行内部的业务信息传递和美元跨境清算，但不能解决跨行清算。

中国的银行互为外币账户行，需要建立一个信息传递系统及虚拟账户清算体系。这个系统可以是几家银行合作设立，也可以是其他第三方提供服务。这个模式，可以先是三两家银行，成功后逐步增加银行。它能解决中国的银行间跨境业务信息传输和资金清算。但客户贸易双方有一方是在外资银行开户的，还是需要通过现有体系进行结算。

各家中资银行，或单独，或抱团寻找个别外资银行合作，互为账户行，搭建相互的信息传输通道或系统，双方或多方约定，就一些特定的业务往来，经这个系统传输业务信息，隔一定时期（如一个月或一个季度）轧差清算资金。

中资银行与一些国家和地区的银行建立联盟，也可以分别与不同的几个国家和地区的银行建立不同的联盟，由联盟建立相互间的信息传输系统。比如，可以与中东地区、东欧地区、西欧、东盟一些国家的银行等分别建立联盟，待有成熟的系统时，在市场机制下逐步扩大联盟。

仿造银联模式，打造一个跨境银行业务信息传输服务机构。可以考虑所有中资银行包括它们的海外分支行、在华外资银行成为这个机构的初始成员，当业务逐步成熟后，以市场化的方式向全球推广。

以上这些分散的模式，都可以解决一小部分业务和清算不被美国政府偷窥的问题，尤其是业务信息的传输。但只要美元还是国际主要结算货币和储藏货币，就不能从根本上解决美国政府利用美元清算系统讹诈其他国家和机构的问题。这个问题只有靠世界逐步去美元化来解决。美国表现得越霸凌，去美元化的节奏就会越快。在这个过程中，这些模式中可能会产生一个或两个系统最终可以与SWIFT分庭抗礼。

上述所有模式，都是需要应用新兴科技的，至于具体应用什么技术，不必过于拘泥，只要真正能解决业务问题的，就是好技术，不管是区块链还"县块链"。区块链技术，数字货币技术，在业务信息传输和局部货币清算中，如果业务机制设计得好，我觉得是可以有所作为的。需要注意，这里所说的是应用数字货币技术，不是发行数字货币。应用得好，可以打造成业务信息传输和多币种清算合一的系统。可以设计不同模式在上述各个小的组合中试验，逐步完善演化，最后跨链联合。

在美元清算方面,如果发生美国利用SWIFT和美元清算系统对个别中国的银行实行制裁,停止被制裁银行的美元业务,中国政府可以考虑宣布法令,规定所有与美国有关的进口贸易结算,都必须由被制裁的中国的银行办理,并且只能用美元或人民币支付。

当然,还要加快人民币国际化进程。一是要更多地在国际贸易中使用人民币报价和结算;二是更多地向国际市场开放人民币融资主体。没有融资人融资,就没有融资产品;没有融资产品,投资人就没有投资机会。要让人愿意持有人民币,就需要有丰富的投资机会。融资主体不能只是中国国内的融资主体。所以,金融对外开放,不能只是对境外金融机构开放,对境外投资人开放,还要对境外融资人开放。三是创新更多的人民币交易产品和市场。四是人民币跨境支付系统需要考虑能够接受除SWIFT系统以外的系统传输信息。五是在推进人民币国际化的同时,要鼓励中国企业使用安全可靠的非美元货币。鼓励使用非美元货币,与推进人民币国际化和推进去美元化是相辅相成的。比如,在"一带一路"项目投融资中、商品贸易中,我们可以首选人民币,其次选用非美元货币,这对其他国家积极参与"一带一路"建设会有很大的吸引力。

# 建设跨境清算新体系[1]

一

国际清算体系是由各个主要国际货币国家的国内清算体系、跨境清算体系和相关的银行业务信息传输体系所组成的。大多数国家只有国内的货币清算体系，跨境清算都是利用主要货币国家所形成的跨境清算体系进行的，但一般都有自己独立的外汇管理规则。各国货币的国内清算体系和跨境清算体系，由于国家规模、技术条件、业务习惯不同，往往有各自的特点，这也是跨境清算复杂的重要原因。银行业务信息传输，目前大多数是通过SWIFT系统，这是商业竞争的结果。SWIFT系统相对于通过邮寄信件、电信传输等方式，效率更高、成本更低、报文更专业、更安全。但国际清算的复杂性、低效及高成本依然为业界所诟病。由于近年来美国利用美元霸权和SWIFT系统等对其他国家或有关企业实施自私的制

---

[1] 本文有关不同国家探索跨境支付清算创新模式的部分内容由上海交通大学中国金融研究院研究分析师肖蕾提供，在此特别感谢。

裁,业界对改革目前国际清算体系的呼声越来越高。

新冠疫情和美国大选影响下,中美关系会因为形势的变化而有所调整,但竞争的关系不会改变。利用长臂管辖打压中国等竞争对手,依然是美国的一个重要手段。被动等待美国政府改变态度,或想通过适应美国法律避免可能的制裁是不现实的,因为当它要打压你的时候,会编造出新的法律条款。我国应从战略上考虑鼓励民间进行国际合作,建设新型跨境清算系统,消除美国制裁的隐患。

新冠疫情后,全球化格局发生新的变化,会形成区域化、块状化的全球化特点。也就是说,区域、块状的联系会加强,但区域和块状之间并不是互相割裂的。这可能会产生新的现象:(1)产生新的贸易模式;(2)结算货币多元化,局部去美元化;(3)产生新的投融资方式、新的金融产品等。这就为新的、区域化的、多币种和更简便高效的跨境清算方式的产生提供了可能。

这些年由于数字技术的发展,国际上一些国家和机构尝试应用新技术搭建新的跨境结算和业务信息系统。其目的,一方面是希望摆脱美国长臂管辖霸权,另一方面是希望从商业利益上替代SWIFT系统。

2015年,互联网金融科技公司R3 CEV(一家总部位于美国纽约的区块链公司)发起成立了R3区块链联盟,吸引了富国银行、美国银行等大行加入。该联盟组织联盟内银行探讨区块链的应用,以期组建新的超级银行间业务平台。如该联盟组织主要成员汇丰银行牵头其他七家国际商业银行开发的Voltron(跨境信用证区块链)平台,已经在国际清算会议上发布,并成功在中国香港地区与欧洲之间完成了信用证开证业务。此后，海外陆续出现几家国际贸易银行联盟，其中有影响力的还有MarcoPolo（记账赊销结算平台）、We.Trade（欧洲中小企业贸易平台），以及香港金管局于2018年10月联合香港12家主要银行启动的"贸易联动"平台。

R3CEV还推出了分布式平台支付结算解决方案——Corda Settler。基于Corda底层的开源应用，它允许Corda网络上发生的支付既可通过加密货币或其他加密资产来完成，也可通过传统支付结算渠道——SWIFT GPI线路来完成，以实现区块链平台上的价值转移和支付。

在跨境联盟方面，目前看来多为美元清结算和跨境汇款领域。例如摩根大通发起组织的，75家同业银行签约的"银行间信息网络（Interbank Information Network，简称IIN）"，通过自己的专利建立区块链平台。IIN本质上是一个跨境支付账簿，方便银行迅速传递和修改支付信息，代替SWIFT和Ripple[1]之类的新创系统。摩根大通在2019年发行了以美元存款为基础的摩根币，类似于数字化的银行本票，准备用于特定领域的支付结算。摩根大通有作为美元清算行的优势，但从战略上，它担心越来越多的国家和银行摆脱现有的清算体系，自己会失去作为美元清算行的优势，因此希望通过这些创新确保美元清算行的地位。

此外，俄罗斯等东欧国家银行、中东地区银行，也在探索一些

---

[1] Ripple是一个开源、分布式的支付协议。它让商家和客户乃至开发者之间的支付几乎免费、即时而不会拒付，它支持任何货币，包括美元、日元、欧元，甚至是比特币。

区域性的跨境清算合作系统。

其他还有一些商品贸易平台，在解决交易的同时，提供融资和结算服务，如Komgo平台。这是一个基于大宗商品贸易的区块链融资平台。创始机构包括荷兰银行（ABN AMRO）、法国巴黎银行（BNP Paribas）、花旗银行（Citibank）、法国农业信贷银行集团（Crédit Agricole Group）、贡沃尔（Gunvor）、荷兰国际集团（ING）、科赫供应与交易公司（Koch Supply&Trading）、麦格理（Macquarie）、摩科瑞（Mercuria）、三菱银行（MUFG Bank）、法国外贸银行（Natixis）、荷兰合作银行（Rabobank）、壳牌（Shell）、瑞士通用公证行（SGS）和法国兴业银行（Societe Generale）。

另外还有一些科技公司在开发跨境结算平台，最有影响的是脸书（Facebook）宣布的Libra计划。但这些科技公司往往把跨境结算简单地理解为钱货两清的支付，没有考虑到国际贸易和结算的复杂性，即使是进出口商之间，完成商品贸易过程中还有融资需求、商品本身特点所形成的交易支付特点。

目前大多数项目都处在探索阶段，还没有全面进入大规模投产应用。从各家开发的情况看，主要存在以下五个问题：

第一，都是由个别大行牵头，联合部分小银行进行探索。一些牵头的大行都有形成自己独家平台的打算。因此，由于同业竞争的顾忌，其他银行参与的积极性不高。

第二，大多数平台都号称不改变各银行自身的流程。好处是减少银行接受新平台的阻力。但如果对银行原有流程没有影响，只是对外传输信息渠道的变化，银行必然要对新平台与原有渠道在效率、成本、安全，甚至操作的方便性上进行比较，在这基础上还要考虑更换或接入一个新渠道的成本。这也是目前各银行都以观望为主的原因。短期内，银行可能意图通过减少对于手工流程的依赖、关键贸易单据数字化来降低成本，提高效率，但是长期来看，银行也在同时准备用分布式账本技术（DLT）完全代替传统的流程。

第三，新技术要提高效率，需要国际结算各相关方都上平台进行标准化操作，除了银行以外，还有保险公司、船运公司等。首先，靠个别商业银行一家一家去接洽，效果非常不理想，困难重重。其次，目前平台都是从原有银行操作流程出发开发的，对保险公司、船运公司等是提供了方便还是增加了麻烦都没有考虑，而对这些公司来说，是否接入平台，也有效率、成本、安全的评估问题。

第四，平台自身业务、技术的可信度。商业银行都有非常强的信息安全意识。如果平台在业务上可能与银行形成竞争，或者试图借技术服务获取银行与客户的业务信息，银行就没有真正的合作意愿。

第五，一些国家和银行，希望新的系统能以自己为主，或者说是担心被控制。比如俄罗斯等国家及其银行，往往希望新系统以卢布结算为主。

## 二

面对美国利用美元霸权和美元清算系统的制裁可能，一下子没有很好的应对方案可以实施，另起炉灶亦非一日之功，但亦不能被动等待。我国应该制定各种应对方案以防万一。应用新兴数字科技,既是机会,也是掩护,因为世界上其他国家和机构已经研究了一段时间。

建设跨境清算新体系应该是上海国际金融中心建设的一项重要课题,也是人民币国际化和"一带一路"倡议的重要课题。

建立跨境清算新体系需要充分预计其复杂性和长期性。新的体系当然以我国为主是最理想的,但因为是跨境清算,更需要考虑市场的接受度,单打独斗是不可能成功的。需要多层次、多方案探索。

**有境外机构的中资银行应建立自身统一的境内外信息系统和清算系统**

首先,各行要建设统一的境内外业务信息系统,所有业务信息,只要能内部传输的,一律不用SWIFT等行外系统。这方面,以目前的技术条件是可以做到的。其次,要改善内部清算流程。目前一些银行境内外分行之间的清算、结算,往往为了方便和快捷,直接通过外资账户行进行清算和结算。实际上,各家总行本身都是一个清算中心,内部分行之间、分行与总行之间没有必要借道外资账户行进行清算和结算。目前的技术条件,也可以做到实时自动清算和结算。所以,改善内部清算流程,提高效率尤为重要。考虑到一些实际需要,各行也可以在香港或澳门建立境外清算中心。

### 建立中资银行间跨境清算系统

中资银行相互之间的跨境结算、清算等业务往来，一般都通过SWIFT传输业务信息、通过相关货币的账户行清算。原因是习惯、方便、快捷，成本低。

可以考虑几家主要的中资银行合作成立一个科技平台公司，建立中资银行间跨境业务信息往来系统。人民币跨境支付系统应该可以接受这个平台的业务信息。

有了中资银行间的跨境业务信息传输平台，解决了业务信息传输问题和人民币跨境清算问题，虽然并不能完全避免其他币种的货币通过外资账户行清算的问题，但还是可以有一些方案解决相当部分的外汇清算，如外汇跨境清算国内化。第一种办法是扩大现有外汇交易清算系统的功能。各家银行境外机构通过总行清算，总行轧差后在外汇交易清算系统净额结算。第二种办法是按币种在中资银行中自然形成清算行。实际上，在工行、农行、建行等开办外汇业务初期，中国银行就承担过这样的角色，负责这些行国内外汇的汇划清算和部分跨境业务的结算和清算。第三种办法是另外成立一家清算公司。这个公司可以部分地解决中资银行间跨境外汇清算和结算问题。可以有两种方案：一是传统的方式，以外汇现汇进行结算和清算；二是应用数字技术，发行数字本票进行清算或结算。数字本票可以是该公司发行，也可以是各家银行发行。

若中资银行间跨境清算系统做得好，经得起市场考验，可以考虑逐步向外资银行开放。

### 探索建立区域性、块状性跨境清算体系

下一阶段的全球化,一定程度上会体现为区域化、块状化基础上的全球化。在区域贸易、块状贸易中,会出现具有区域、块状特色的交易模式,结算、清算货币也会形成区域和块状特点,非美元货币在跨境结算、清算中的占比会大幅度提升。比如,在《区域全面经济伙伴关系协定》(简称RCEP)下,这个块状的贸易结算和银行清算货币中,甚至投融资中的货币选择,人民币、日元、新加坡元、港币等会大量增加。中国金融机构必须联合其他国家和地区的金融机构及早布局,以适应其需求。

这方面可以考虑几个区块,RECP、中国—东欧、中国—欧洲、中国—中东、"一带一路"沿线。"一带一路"沿线还可以形成不同的区块。

跨境清算体系可以分别由不同的中资银行牵头,其他中资银行参与,同各区块的银行合作建立跨境清算信息传输平台和资金清算机制。一些特殊业务,也可以由一家中资银行与对方一家或两家银行合作建立银行对银行跨境清算直达机制。

### 探索全方位的跨境清算新体系

可以有两条路径:一是在上述区域性、块状性跨境清算体系基础上,逐步扩大至全方位的新体系;二是全新打造新体系,但同样有一个从小到大逐步积累和扩大的过程。方式上也有两种选择:一是中外大银行牵头合作;二是成立第三方平台。

## 三

一个全方位跨境清算新体系的设想。

成立一个服务公司。公司从全流程贸易融资业务功能、全球独有嵌入式支付及结算功能、以及点对点加密技术三方面，运用金融科技开发一款"分布式清算平台"，为商业银行提供全新、高效、安全的贸易融资及国际结算服务。

**全流程贸易融资业务功能**

作为首先服务于商业银行的贸易融资业务平台，平台可以考虑开发贸易流程文件及信息追踪、结算信息传送，以及其他贸易融资及国际结算业务的全部功能和流程。

从贸易融资业务功能上看，国内同类产品大部分处于起步阶段，主要解决了信用证开证验证工作，而横向单证各方同时上链、纵向与贸易融资流程全面打通，都未见报道。同时，即便是开证验证，也处于试验阶段。

参考国际上同类产品，本平台开发的贸易融资业务功能设计将包括如下特点：（1）跨部门解决问题。不局限在信用证，更不局限在单证结算环节。致力于打通信用证、跟单托收等各种结算工具，同步整合贸易融资环节。（2）跨行业的数据共享和流程管理。单证各方上链共享数据、共用流程。可以从根本上解决人工审单问题，上链单证可以基本实现全自动审单、背书、议付、融资等操作。（3）在架构设计上亦充分考虑货运、保险、质检、仓储等各相关机构的加入,以达到整个贸易融资和国际结算过程中完整的生态圈上链,充分发挥平台价值。

目前国际贸易中一大痛点——结算速度问题,主要是以下原因造成的:(1)各家银行内部的流程不同(包括各家银行科技应用的水平和能力差异);(2)国际清算制度规定(一般都通过清算银行和账户行进行清算,有汇路的选择与设计问题);(3)各国外汇管理政策的差异;(4)各国际金融市场的时差。如果撇开这些问题,实际上业务信息传输本身没有太大的缺陷,因此单纯通过改变业务信息传输方式,放弃SWIFT,很难一下子被各家银行接受。所以,信息传输方式的改变,同时要为银行带来操作的方便和成本的减低,才会对银行有吸引力。相应地,平台可以把保险公司、船运公司等相关方接到平台上。这是改变信息传输方式和银行操作流程的基础。也因此,必须充分考虑这些相关方内部的操作流程的改善,让他们也能感受到平台给它们带来的好处。

通过充分应用新兴金融科技,平台设计将不仅提供高效的银行间业务信息传输,更帮助银行简化内部流程,减少人员成本,提高审单效率和安全性,以此提高银行对平台的接受度;同时,也有利于提高贸易融资各相关方的操作效率,降低成本。

**全球独有嵌入式支付结算功能**

平台旨在改善银行国际结算操作、打通业务信息的传输,并在此基础上设计出独有的"内嵌资金支付清算系统"(图5-1)。

平台设计中,可以内嵌一个数字化本票支付系统,解决贸易资金的结算清算需求。利用智能合约技术由平台向各银行发行以各类结算法币为等价的数字化本票（类似稳定币），用于平台上银行间的支付清算。数字化本票可以是多币种的，以适应不同币种清算的需要。各银行可以将各币种清算货币（比如美元、欧元、人民币等）汇入平台在人民银行或清算行账户，兑换成同币种的数字化本票。数字化本票也可以由平台上的大银行发行。当发生贸易项下支付时，开证行直接点对点将数字化本票支付给议付行；同时，开证行以法定货币贷记进口商账户，议付行以法定货币借记出口商账户，完成贸易结算。银行可以根据自身贸易融资业务需要保持数字化本票的头寸，多余部分可以向平台兑换相应的法定货币。平台用于发行数字化本票的账户必须托管在人民银行或清算行，其中资金只能用于与数字化本票的双向兑换，不得挪作他用。

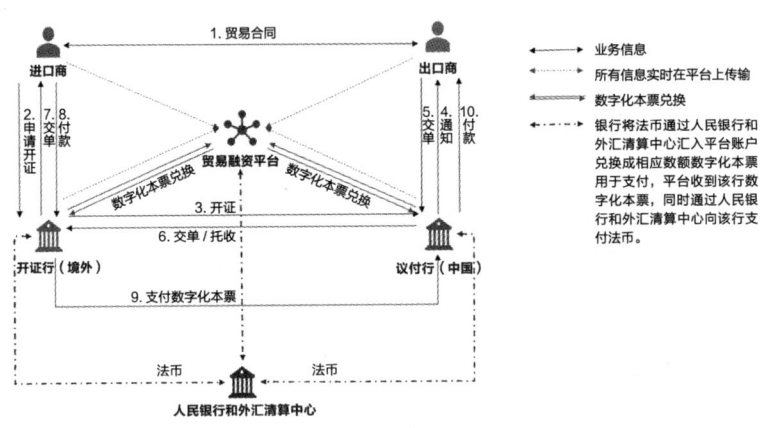

图 5-1 内嵌资金支付清算系统

策略上，对外可以宣传发行与法币挂钩兑换的数字货币，也因此，监管部门要求对兑换的各币种法币实行托管是顺理成章的。

本嵌入式支付结算系统还可以考虑另一个方案，即为了节省各银行的结算资金占用，在平台上设计一套数字本票的净额清算机制。

**点对点加密技术设计**

由于银行对商业数据安全要求非常严格，尤其是国际大型商业银行。在传统银行系统中，中央服务器负责保存和验证所有数据，每个节点都独立验证所有接收到的数据，从而降低了对其他各方的信任度要求。而与传统解决方案不同，平台设计将只允许确定的当事方在"需要知道"的基础上接收和交换交易信息。为确保数据保密，公司设计的平台配置为在任何时候都不向其他各方"主动"发送交易文档。此外，一旦交易开始，参与方不能编辑。即使作为平台运营方，也无法检索交易双方之间的记录细节，以便进行推测分析，从而最大限度地保护各参与方的商业机密和合规要求。

在实际国际贸易融资及结算应用中，尤其涉及重要的金融、商业、政府及企业信息的应用场景，交易数据的交换和存储必须严谨。因此，平台设计应根据交易流程和环节做到对敏感信息访问权限的"细粒度控制"，即分层分级别的信息获得权限。将各个参与方和交易主体之间的本地数据记录、信息交换互传按照业务关系和逻辑进行约束，在最小范围内实现最可控的复制和传播。例如，在注重原始单据合法合规性的银行业务中，在整个贸易链条上的交易对手和参与的第三方机构之间，只交换同交易直接相关的原始事实，以解释交易状态发生过程，并追溯到源头，但又可以保证最低限度的信息共享。在架构设计上充分考虑资金方，如商业银行、保理公司等监管及合规的需求。

同时，将加密级别分层，兼顾信息安全和问责需求，既可以保护信息安全、实现共享，又可被监管、可问责。平台设计中使用分布加密技术对保密级别进行分级设置，例如对于指定的机构，有"基本保密"的保密级别；而对于其他参与者，具有"完全保密"的级别。只有特定监管机构才有机会通过分析获得交易的关联关系，其他参与方无法获得，这既满足了保密的需求，也满足了防止违规或非法交易的监管需求。

### 运营主体设立原则及方案

为了在新一轮国际结算清算体系建设的国际竞争中抓住战略机遇，同时为确保本贸易融资平台前期建设有序高效，后期执行市场化机制、专业化运营，建议引入各类资源优势方共同发起成立公司平台实体，由一中立机构作为主发起人，联合各主要商业银行、相关科技公司和合适投资人等共同参股设立"国际结算信息服务有限公司"。该公司应当落地在上海，作为上海国际金融中心的一项基础设施。

公司设立原则如下：

第一，机构必须中性。考虑到公司的服务不仅要让国内银行接受，更要让国际银行接受，机构必须具有公信力。因此应由一个中立机构发起，邀请国内和国际主要银行参与。公司可以是会员制或股份制，各银行可以有业务建议权和公司服务及运营监督权，但没有业务主导权。

第二，平台民办官助。从目前国内外各机构做的平台看，单纯靠几家银行很难把所有相关机构组织起来，银行间互相有竞争，其他机构（比如船运公司、保险公司等）积极性不高。单纯由某个非银行机构发起，银行一般也不敢贸然参与。然而，这样的项目，又必须有银行等相关方一开始就参与其中才能起步，几乎不可能先由科技公司开发好成熟的系统让银行试用。一般科技公司也不可能在没有银行配合下开发这样的系统。因此，政府在开始阶段的扶持是非常必要的，而且，这样的扶持必须是强有力的。策略上，可以参照当初银联的做法，由相关部门牵头强力推进。考虑到战略敏感性，对外不用像当初银联那么高调。目前国际上各探索性的平台，也都只是说利用新兴科技提高贸易融资效率，回避替代SWIFT系统的话题。

第三，技术中性。考虑到平台战略上的安全性，平台原则上要采用我国的自主技术。但也必须看到，该平台是为国际结算和清算服务的，必须获得国际银行和其他相关方的信任，不仅公司必须中性，技术也必须中性，这也包括提供主要技术的公司，不仅技术要可信，同时也不能与银行竞争业务和客户信息。

第四，平台是一个开放性平台。可以传输所有银行间业务信息；是一个各相关方的业务操作平台；各相关方内部系统都可以连接；可以提供点对点清算支付服务，也可以选择传统或其他清算路径；对其他平台开放；业务路径选择多样。

在法律、业务范围及项目创立层面,该公司为独立的项目服务平台,公司设立旨在完成平台搭建、运营及管理等相关业务。在项目运营层面,公司在人员、运营机制及公司制度等方面均独立运营、独立负责,整体运营模式围绕项目平台展开,在平台搭建、用户营销、业务展业等方面助推项目落地。在财务结算层面,公司的财务审计及报税等业务内容均使用独立主体运营,整体财务不涉及与股东公司人格混同,亦不会因此影响各股东单位权利。

**项目发展规划设想**

第一阶段:开发主要贸易融资业务流程,同时开发嵌入式支付结算功能。在平台参与方方面,同中国人民银行或国家外汇管理局及主要国有商业银行5家(中、农、工、建、交)开展共同合作。同时寻求商务部及海关等政府相关数据接入支撑,选择部分保险公司、船运公司加入合作;寻求试点上线大型国有外贸或者大型核心企业5家左右(银行及企业合计10家左右)进行试点。

第二阶段:经过试点运营,将业务推广至10至20家国际贸易企业。同时邀请中资银行海外分行或子行、港资银行、在华外资银行、香港外资银行加入平台,更多外贸企业和其他相关方加入试点,树立平台口碑。在此阶段,人民银行可以将人民币跨境支付系统接入该平台,并要求或鼓励各人民币清算行接入该平台,人民币跨境清算系统接受经由该平台发送的报文进行清算。这样做的好处是:(1)人民币跨境清算的信息传输可以在SWIFT系统之外另开辟一个可靠的渠道;(2)可以通过清算行带动一批外资银行加入该平台。

第三阶段：在试点成熟的基础上，全面对接外资银行，如东南亚、中亚及中东欧国家主要商业银行。平台最终必须参与市场竞争，在竞争中赢得市场。